# 高职高专汽车类规划教材
# 编审委员会

高职高专汽车类规划教材
国家技能型紧缺人才培养培训系列教材
<<<<

# 汽车机械识图

胡 勇 董继明 主 编

曾小山 于丽颖 副主编

化学工业出版社

北 京

## 内 容 提 要

本书根据高职高专教育改革和发展对制图教学的新要求及岗位需要，将多年的教学、生产、培训及教学改革成果融入本书，突出职教特点，内容上考虑了就业实际需要和中级技术工人等级考核标准的要求，注重基础知识的讲解和识图能力的培养。

本书采用了最新的国家标准。全书共分七章，主要包括制图的基本知识与技能、常用图形的画法、投影基础、组合体、机件的表达方法、标准件与常用件、零件图、装配图等内容。

与本书配套出版有《汽车机械识图习题集》（胡勇、董继明主编），可供选用。为方便教学，配套电子教案。

本书可作为高职高专以及成人高等教育机械类、汽车类等近机械类专业基础课教材，也可供电视、函授等其他类型学校有关专业使用，也可为其他专业师生和工程技术人员参考使用。

## 图书在版编目（CIP）数据

汽车机械识图/胡勇，董继明主编. —北京：化学工业出版社，2010.6（2021.2重印）

高职高专汽车类规划教材. 国家技能型紧缺人才培养培训系列教材

ISBN 978-7-122-08412-5

Ⅰ. 汽… Ⅱ. ①胡…②董… Ⅲ. 汽车-机械图-识图法-高等学校：技术学院-教材 Ⅳ. U463

中国版本图书馆 CIP 数据核字（2010）第 077060 号

责任编辑：韩庆利　　　　　　　　　　　　装帧设计：尹琳琳
责任校对：郑　捷

出版发行：化学工业出版社（北京市东城区青年湖南街 13 号　邮政编码 100011）
印　　装：大厂聚鑫印刷有限责任公司
787mm×1092mm　1/16　印张 14　字数 341 千字　2021 年 2 月北京第 1 版第 9 次印刷

购书咨询：010-64518888　　　　　　　售后服务：010-64518899
网　　址：http://www.cip.com.cn
凡购买本书，如有缺损质量问题，本社销售中心负责调换。

定　　价：33.00 元

# 前　言

本书参照了教育部制定的"高职高专工程制图课程教学基本要求"，知识体系完整，以必需、够用为原则，适当降低了复杂组合体、零件图、装配图的难度要求，加强了读图、测绘和徒手画图的能力训练。

本书力求文字简练、图文并茂、通俗易懂。

本书采用了最新的国家标准。全书共分七章，主要包括制图的基本知识与技能、投影基础、组合体、机件的表达方法、标准件与常用件、零件图、装配图等内容。

本书在编写过程中，根据高职高专教育改革和发展对制图教学的新要求及岗位需要，将多年的教学、生产、培训及教学改革成果融入本书，突出职教特点，内容上考虑了就业实际需要和中级技术工人等级考核标准的要求，注重基础知识的讲解和识图能力的培养。

本书由河南职业技术学院胡勇（编写绪论、第三章）、董继明（编写第一、五章）主编，郑州职业技术学院李英丽（编写第二章第一、二、三节）、辽宁农业职业技术学院于丽颖（编写第七章）副主编，其他参编人员有辽阳职业技术学院姚杰（编写第四章）、河南职业技术学院张新生（编写第六章）、刘向阳（编写第二章四、五、六节）。

本书在编写过程中，曾得到许多专家和同行的热情支持，并参阅了许多国内外公开出版和发表的文献，在此一并表示感谢。

与本书配套的《汽车机械识图习题集》（胡勇、董继明主编）同时出版。

本书有配套电子教案，可赠送给用本书作为授课教材的院校和老师，如果有需要，可发邮件至 hqlbook@126.com 索取。

由于编者水平有限，书中难免存在不妥与疏漏之处，恳请读者批评指正。

编　者

# 目　　录

# 绪　　论

人们在近代的生产活动中，无论是机器车辆的制造、设计、安装、维修，还是房屋、桥梁、轮船的设计与施工，都离不开图样（图纸），它是表达设计意图和交流技术思想的工具与桥梁，是指导生产的最具体的技术文件，被誉为"工程界技术语言"。因此，作为一名工程技术人员必须学会看图和画图的本领。

## 一、图样

按照一定的投影方法，遵照国家标准绘制的准确地表达物体的形状、尺寸和技术要求的图，称为图样。其中，形状、尺寸和技术要求三个方面，缺一不可。

在建筑工程中使用的图样称为建筑图样，在机械工程中使用的图样称为机械图样。

图 0-1　立体图

1. 立体图与平面图

零件的形状、尺寸和技术要求可以用立体图和平面图反映。

立体图是从一个方向、用一个图形来表达物体的形状。如图 0-1（a）所示，只能看见长方体的前面、上面和左面，后面、下面和右面无法看清；而且长方体是由六个矩形面构成的，但矩形都变形为平行四边形。

如图 0-1（b）所示，若长方体上有孔和槽，则会发现：圆孔有多深，方槽是否前后贯通，在立体图中表达不清楚，而圆形也变形为椭圆形。图 0-2 是千斤顶的立体图，仅用一个图形表达了千斤顶的三个方向的形状，富有立体感，但不能反映千斤顶的真实形状。如顶块的正方形表面成了菱形，螺杆上的圆孔成了椭圆形。

立体图直观、容易识读，但其图样表达发生变形、且内部和后面结构表达不清楚。即立体图不能反映出物体的真实形状，所以，不能直接应用在生产上。只能作为生产图样的辅助性说明。生产中广泛采用的图样是用正投影法绘制的平面图。

所谓正投影法，在物体后面放一张图纸，眼睛正对着图纸看物体，把看到的物体形状在图纸上反映出来。这里把平行的视线当作投影线，把图纸看作投影面，画在纸上的图形就是物体的投影，称为视图。

图 0-2　千斤顶立体图

如图 0-1（a）所示的长方体，采用正投影法，从三个方向对物体投影，因此得到三个图形，称为三视图。长方体的三视图如图 0-3 所示。

　　立体图产生变形的地方，视图能正确地表达出来；立体图表达不清楚的地方，视图却能完全表达清楚，这样就能把物体的真实形状完全地反映出来，如果再注上尺寸、技术要求，就构成一张完整的图样。

　　2. 零件图与装配图

　　图 0-4 所示是用正投影法绘制的千斤顶顶块，图中用两个图形表达零件的形状，将立体图表达不清楚的地方完整表达出来，并标注了尺寸和技术要求，这种表达单个零件的形状、结构、大小及技术要求的图样称为零件图，零件图是生产制造和检验零件的依据。

图 0-4　千斤顶顶块零件图

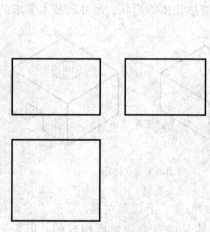

图 0-3　长方体的三视图

　　图 0-5 是千斤顶的装配图，它表达了各组成零件之间的装配关系和连接方式，这种表达机器或部件中零件间的相对位置、联系方式、装配关系的图样称为装配图样，简称装配图。

## 二、本课程的任务和要求

　　机械识图是一门重要的技术基础课，它是研究如何运用正投影基本原理，看懂机械工程图样的课程。主要任务是培养学生看图、绘图和空间想象能力，以适应今后从事工程技术工作的需要。

　　（1）学习正确、熟练地使用绘图仪器、工具，掌握较强的绘图方法和技能。

　　（2）学习正投影法的基本原理，掌握运用正投影法表达空间物体的基本理论和方法，具有图解空间几何问题的初步能力。

　　（3）学习、贯彻在读图和画图的实践过程中，要注意逐步熟悉和掌握《国家标准技术制图与机械制图》及其他有关规定，并具有查阅有关标准及手册的能力。

　　（4）培养绘制（含零、部件测绘）中等复杂程度的零件图和阅读简单装配图的能力。

　　（5）培养严肃认真的工作态度和严谨细致的工作作风。

图 0-5 千斤顶装配图

| 7 | 挡片 | 1 | 35 | |
|---|---|---|---|---|
| 6 | 螺钉 | 1 | 35 | |
| 5 | 支座 | 1 | HT150 | |
| 4 | 定位销 | 1 | 35 | |
| 3 | 升降螺母 | 1 | 35 | |
| 2 | 顶杆 | 1 | 45 | |
| 1 | 顶块 | 1 | 45 | |
| 序号 | 名称 | 数量 | 材料 | 备注 |

| 千斤顶 | | 数量 | 1 | (图号) |
|---|---|---|---|---|
| | | 比例 | 1:1 | |
| 制图 | (日期) | 重量 | | 共张 第张 |
| 描图 | (日期) | | | ××机械厂 |
| 审核 | (日期) | | | |

## 三、本课程的学习方法

（1）在学习本课程时，除了通过听课和复习，掌握基本理论、基本知识和基本方法以外，还要结合生产实际完成一系列的制图作业，进行将空间物体表达成平面图形，再由平面图形想象空间物体的反复训练，掌握空间物体和平面图形的转化规律，并逐步培养空间想象力。

（2）正确处理读图和画图的关系。正确地读懂图样是非常重要的。但是，绘制图样也同样重要的，画图可以加深对制图规律和内容的理解，从而能够提高读图能力。同样只有对图样理解得好，才能又快又好地将其画出。

（3）在读图和画图的实践过程中，要注意逐步熟悉和掌握《国家标准技术制图与机械制图》及其他有关规定，在学习中应注意养成认真负责、耐心细致、一丝不苟的优良作风。

本课程以形象思维为主，学习时切勿采用死记硬背的方法，学习中注意打好基础，多将图样对照实物，认真总结规律，并且要多做练习，如此才能不断提高看图和画图的能力，达到本课程的学习目的。

# 第一章
# 制图的基本知识与基本技能

**主要内容：**

1. 图样的概念及形成
2. 国家标准和标准代号
3. 图纸幅面和格式
4. 图线的种类、应用和画法
5. 尺寸的标注方法
6. 常用绘图工具
7. 几何作图
8. 平面图形的画法

**目的要求：**

1. 了解机械图样的概念、作用和分类
2. 理解国家标准及标准代号的含义，熟悉国家标准的内容
3. 掌握各种图线的应用和画法
4. 掌握常用尺寸的标注方法
5. 掌握常用绘图工具的使用方法
6. 掌握常用图形的作图方法
7. 正确分析平面图形
8. 掌握平面图形的画图方法和尺寸标注方法

**教学重点：**

平面图形的尺寸分析和线段分析

**教学难点：**

1. 角度、直径尺寸的标注方法
2. 圆弧连接的画法
3. 平面图形的分析和尺寸标注

## 第一节　制图国家标准与规定

　　图纸不能随便涂制，否则，也不能成为全世界通行的"语言"，必须有一个统一的标准。为便于生产、管理和交流，国家发布了《机械制图》国家标准，它对图样的内容、格式和表达方式等都作了统一的规定，绘图时必须严格遵守。

　　现以国家标准"GB/T 14689—2008《技术制图　图纸幅面和格式》"说明制图标准中的图制幅面、比例、字体和图线等基本规定中的主要内容。

## 一、图纸幅面的规定

为了便于图样的绘制、使用和保管，图样均应画在规定幅面和格式的图纸。

### 1. 图纸幅面

绘制图样时优先采用表 1-1 中规定的图纸幅面尺寸。

表 1-1　图纸幅面尺寸　　　　　　　　　　　　　　　　　　mm

| 幅面代号 | A0 | A1 | A2 | A3 | A4 | 幅面代号 | A0 | A1 | A2 | A3 | A4 |
|---|---|---|---|---|---|---|---|---|---|---|---|
| $B \times L$ | 841×1189 | 594×841 | 420×594 | 297×420 | 210×297 | $c$ | | 10 | | | 5 |
| $a$ | | | 25 | | | $e$ | | 20 | | 10 | |

上述五种幅面中，各相邻幅面的面积大小均相差一倍，如 A0 为 A1 幅面的两倍，A1 为 A2 幅面的两倍，依此类推。

### 2. 图纸格式

图纸上必须用粗实线画出图框，其规格分为不留装订边（图 1-1）和留装订边（图 1-2）两种，各周边的具体尺寸与图纸幅面大小有关，见表 1-1。

值得注意的是同一产品的图样应采用同一种图框格式。

图 1-1　不留装订边图样的图框格式

图 1-2　留有装订边图样的图框格式

### 3. 标题栏的位置和格式

每张图纸上必须画出标题栏，标题栏的位置一般在图框的右下角。其格式和尺寸必须遵守国家标准规定，如图 1-3 所示，标题栏中应填写零件的名称、材料、代号、绘图比例、数量及设计者的姓名、设计日期等内容。图1-4为学生练习用图纸标题栏。其内容可做适当简化。

图1-3　标题栏

图1-4　学生练习用标题栏

## 二、比例

比例是图样中机件要素的线性尺寸与实际机件相应要素的线性尺寸之比。

比例中1∶1的比例称为"原值比例"，其比值为1，表示实物尺寸与图形相应要素尺寸相同。比例大于1的称为"放大比例"，表示实物尺寸小于图形相应要素尺寸。比例小于1的称为"缩小比例"，表示实物尺寸大于图形相应要素尺寸。绘图时应尽量采用1∶1比例，也可根据物体的大小及结构复杂程度采用缩小或放大比例。国家标准中规定的比例系列见表1-2所示。不同比例的图形及尺寸标注见图1-5。

表1-2　标准比例系列

| 种　　类 | 优先选用比例 | 允许选用比例 |
|---|---|---|
| 原值比例 | 1∶1 | |
| 放大比例 | 5∶1　2∶1<br>$5×10^n∶1$　$2×10^n∶1$<br>$1×10^n∶1$ | 4∶1　2.5∶1<br>$4×10^n∶1$　$2.5×10^n∶1$ |
| 缩小比例 | 1∶2　1∶5　1∶10<br>$1∶2×10^n$　$1∶5×10^n$<br>$1∶1×10^n$ | 1∶1.5　1∶2.5　1∶3　1∶4　1∶6<br>$1∶1.5×10^n$　$1∶2.5×10^n$　$1∶3×10^n$<br>$1∶4×10^n$　$1∶6×10^n$ |

（1）比例规范化，不可随意确定，按照表1-2选取。

（2）画图时应尽量采用1∶1的比例（即原值比例）画图，以便直接从图样中看出机件的真实大小。

（3）图样不论放大或缩小，图样上标注的尺寸均为机件的实际大小，而与采用的比例无关。

（4）绘制同一机件的各个视图应采用相同的比例，并在标题栏的比例栏中填写。

图1-5  不同比例的图形及其尺寸标注

## 三、字体

图样中的汉字应采用长仿宋体，并采用《汉字简化方案》中规定的简化字，其字宽约为字高的0.7倍。国家标准中规定的汉字的最小高度不应小于3.5mm。字体的高度及字体的号数分为1.8mm、2.5mm、3.5mm、5mm、7mm、10mm、14mm、20mm八种。如5号字的高度为5mm。图样中书写的汉字、数字、字母，必须做到字体工整、笔画清楚、间隔均匀、排列整齐。

在图样中，字母和数字可写成斜体或直体。斜体字字头向右倾斜，与水平基准线成75°夹角。

字母和数字按笔画宽度分为A型和B型两类，A型字体的笔画宽度为字高的十四分之一，B型字体的笔画宽度为字高的十分之一，同一图样中只允许用同一种字体，建议采用B型字体。

（1）长仿宋汉字示例：

字体工整 笔画清楚 间隔均匀 排列整齐

机械制图　国家标准　图纸幅画　图框格式

（2）B型斜体数字示例：

*0123456789*

I II III IV V VI VII VIII IX X

（3）B型斜体拉丁字母示例：

# *ABCDEFGHIJKLM*
# *αβγδεζηθιλμξ*

## 四、图线

1. 线型与图线尺寸

图线分粗、细两种。粗线的宽度 $d$ 应按照图的大小及复杂程度，在 $0.5\sim2$mm 之间选择，细线的宽度约为 $d/2$。

图线宽度的推荐系列为：0.18mm、0.25mm、0.35mm、0.5mm、0.7mm、1mm、1.4mm、2mm。制图作业中一般选择 0.7mm 为宜。同一图样中，同类图线的宽度应基本一致。图线的画法参照表 1-3。

表 1-3　常用的工程图线及主要用途

| 图线名称 | 图线形式 | 图线宽度 | 主 要 用 途 |
|---|---|---|---|
| 粗实线 | | $d(\approx0.7)$ | 可见轮廓线、相贯线、螺纹牙顶线、螺纹长度终止线、齿轮的齿顶圆、齿顶线、剖切符号线 |
| 细实线 | | 约 $d/2$ | 尺寸线、尺寸界线、剖面线、辅助线、过渡线、重合断面的轮廓线、引出线、螺纹的牙底线及齿轮的齿根线等 |
| 波浪线 | | 约 $d/2$ | 断裂处的边界线、视图和剖视图的分界线 |
| 双折线 | 2~4　15~30　3~6 | 约 $d/2$ | 断裂处的边界线 |
| 粗虚线 | 2~6　≈1 | 约 $d$ | 允许表面处理的表示线 |
| 细虚线 | 2~6　≈1 | 约 $d/2$ | 不可见轮廓线 |
| 粗点画线 | | 约 $d$ | 限定范围表示线 |
| 细点画线 | | 约 $d/2$ | 轴线、对称中心线、齿轮分度圆及分度线 |
| 双点画线 | 15~20　≈5 | 约 $d/2$ | 相邻辅助零件的轮廓线、中断线、轨迹线、极限位置的轮廓线、假想投影轮廓 |

（1）粗实线　一般用于可见轮廓线、表示剖切面起讫的剖切符号。如图 1-6 所示。

（2）细实线　用于尺寸线、尺寸界线、剖面线、指引线、重合断面轮廓线。如图 1-6 所示。

（3）虚线　用于不可见轮廓线。

（4）细点画线　用于轴线、对称中心线。

（5）波浪线　用于断裂处边界线、视图和剖视图的分界线。如图 1-6 所示。

（6）双折线　用于断裂处边界线。如图 1-6 所示。

（7）粗虚线　用于允许表面处理的表示线。如图 1-6 所示。

（8）粗点画线　用于有特殊要求的线或表面的表示线。如图 1-6 所示。

（9）双点画线　用于相邻辅助零件轮廓线、极限轮廓线、假想投影轮廓线。如图 1-6 所示。

(a) 轴测图　　　　　　　　　(b) 投影图

图 1-6　图线应用示例

表 1-4 为机械工程图样中的线宽组，优先采用第 4 组。

**表 1-4　机械工程图样中的线宽组**

| 组别 | 1 | 2 | 3 | 4 | 5 | 一般用途 |
|---|---|---|---|---|---|---|
| 线宽/mm | 2.0 | 1.4 | 1.0 | 0.7 | 0.5 | 粗实线、粗点画线、粗虚线 |
| | 1.0 | 0.7 | 0.5 | 0.35 | 0.25 | 细实线、波浪线、双折线、虚线、细点画线、双点画线 |

**2. 图线的绘制**

绘制圆心的中心线时，圆心应为线段的交点，两端超出轮廓 2~5mm，当图形较小，用点画线绘制有困难时，可用细实线代替，如图 1-7 所示。

细点画线在图样中表示应注意：

（1）细点画线的每个线段长度和间隔应大致相等。如图 1-8 所示。

（2）细点画线和双点画线中的"点"应画成约 1mm 的短画，细点画线的首尾两端应是线段而不是

图 1-7　中心线的画法

中心线应超过轮廓线

圆心应是线段相交

中心线超过轮廓线太长

图1-8 细点画线在图样中的画法

短画。如图1-8所示。

（3）细点画线，应超出轮廓线2～5mm。如图1-8所示。

（4）细点画线与其他图线相交时，都应在线段处相交，不应在短画处相交。如图1-8所示。

虚线在图样中表示应注意：

（1）虚线的每个线段长度和间隔应大致相等。

（2）虚线相交时，应以线段相交，不得留有空隙。如图1-9所示。

正确        错误

图1-9 虚线相交的画法

（3）虚线为粗实线的延长线时，不得以短画相接，应留有空隙，以表示两种图线的分界线。如图1-10所示。

正确        错误

图1-10 虚线为实线延长线的画法

图1-11为虚线在图样中的画法示例。

应以线段相交

留有间隙

留有间隙

首末端应是线段

应以线段相交

正        误

图1-11 虚线相交及连接处在图样中的画法

# 第二节 尺 寸 标 注

图样中，图形只能表示物体的形状，不能确定它的大小，因此，图样中必须标注尺寸来确定其大小。尺寸标注必须符合国家标准的规定。

## 一、基本规则

（1）机件的真实大小应以图样上所注的尺寸数值为依据，与图形的大小及绘图的准确度无关。

（2）图样中（包括技术要求和其他说明）的尺寸，一般以毫米为单位。以毫米为单位时，不注计量单位的代号或名称，如采用其他单位，则必须注明相应的计量单位的代号或名称。

（3）图样中所标注的尺寸，为该图样所表示机件的最后完工尺寸，否则应另加说明。

（4）机件的每一尺寸，一般只标注一次，并应标注在反映该结构最清晰的图形上。为了便于图样的绘制、使用和保管，图样均应画在规定幅面和格内。

（5）标注尺寸的符号和缩写词，应符合表1-5的规定。

表 1-5 常用的符号和缩写词

| 名　称 | 符号和缩写词 | 名　称 | 符号和缩写词 |
|---|---|---|---|
| 直径 | $\phi$ | 45°倒角 | $C$ |
| 半径 | $R$ | 深度 | ▼ |
| 球直径 | $S\phi$ | 沉孔或锪平 | ⊔ |
| 球半径 | $SR$ | 埋头孔 | ∨ |
| 厚度 | $t$ | 均布 | EQS |
| 正方形 | □ | | |

## 二、标注尺寸的基本规定

完整的尺寸标注包含下列三个要素：尺寸界限、尺寸线、尺寸数字，如图1-12所示。

**1. 尺寸界线**

作用：表示所注尺寸的起始和终止位置，用细实线绘制。

它由图形的轮廓线、轴线或对称中心线处引出。也可利用轮廓线、轴线或对称中心线本身作尺寸界线。

尺寸界线一般应与尺寸线垂直，必要时允许与尺寸线成适当的角度；尺寸界线超出尺寸线2 mm左右。如图1-13、图1-14所示。

**2. 尺寸线**

作用：表示所注尺寸的范围，用细实线绘制。

尺寸线不能用其他图线代替，不得与其他图线

图 1-12 尺寸三要素

重合或画在其延长线上，并应尽量避免尺寸线之间及尺寸线与尺寸界线相交。

标注线性尺寸时，尺寸线必须与所标注的线段平行，相互平行的尺寸线小尺寸在内，大尺寸在外，依次排列整齐。并且各尺寸线的间距要均匀，间隔应大于5mm，以便注写尺寸

图 1-13　尺寸界线示例

图 1-14　尺寸的组成与标注示例

数字和有关符号。如图 1-15 所示。

图 1-15　尺寸线示例

### 3. 尺寸线终端

尺寸线终端有两种形式：箭头和细斜线。机械图样一般用箭头形式，箭头尖端与尺寸界线接触，不得超出也不得离开，如图 1-16 所示。

当尺寸线太短，没有足够的位置画箭头时，允许将箭头画在尺寸线外边；标注连续的小尺寸时可用圆点代替箭头，如图 1-16（b）所示。

箭头形状和位置应符合要求，避免如图 1-16（c）所示。

$d$ 为图中粗实线的宽度

(a)

(b)

(超出尺寸界线)

(不到尺寸界线)

(形状不好)

(c)

图 1-16　尺寸线箭头

4. 尺寸数字

作用：尺寸数字表示所注尺寸的数值。

（1）线性尺寸的数字一般应写在尺寸线的上方、左方或尺寸线的中断处，位置不够时，也可以引出标注。

（2）尺寸数字不能被任何图线通过，否则必须将该图线断开。

（3）在同一张图上基本尺寸的字高要一致，一般采用 3.5 号字，不能根据数值的大小而改变。

## 三、常用尺寸的标注方法

1. 线性尺寸的标注

线性尺寸的数字应按图 1-17（a）所示的方向填写，图示 30°范围内，应按图（b）形式标注。尺寸数字一般应写在尺寸线的上方，当尺寸线为垂直方向时，应注写在尺寸线的左方，也允许注写在尺寸线的中断处，如图（c）所示。狭小部位的尺寸数字按图（d）所示方式注写。

2. 角度尺寸的标注

角度的尺寸界线应沿径向引出，尺寸线是以角的顶点为圆心画出的圆弧线。角度的数字应水平书写，一般注写在尺寸线的中断处，必要时也可写在尺寸线的上方或外侧。角度较小时也可以用指引线引出标注。角度尺寸必须注出单位，如图 1-18 所示。

3. 圆和圆弧尺寸的标注

标注圆及圆弧的尺寸时，一般可将轮廓线作为尺寸界线，尺寸线或其延长线要通过圆心。

图 1-17　线性尺寸标注示例

图 1-18　角度尺寸标注示例

(a)圆的直径尺寸的标注

(b)圆弧半径的标注

图 1-19　圆和圆弧尺寸的标注

大于半圆的圆弧标注直径，在尺寸数字前加注符号"$\phi$"。如图 1-19（a）所示。小于和等于半圆的圆弧标注半径，在尺寸数字前加注符号"$R$"。如图 1-19（b）所示。没有足够的空位时，尺寸数字也可写在尺寸界线的外侧或引出标注。

图 1-20　球体尺寸的标注

### 4. 球体尺寸的标注

圆球在尺寸数字前加注符号"$S\phi$"，半球在尺寸数字前加注符号"$SR$"。对于铆钉头部、手柄端部等不致引起误解的情况下可省略符号"$S$"。标注如图 1-20 所示。

### 5. 大圆弧和小尺寸的标注

大圆弧和小尺寸的标注见表 1-6 所示。

表 1-6　大圆弧与小尺寸的标注

| 标注内容 | 图　例 | 说　明 |
|---|---|---|
| 大圆弧 | | 　无法标出圆心位置时，可按左图标注；不需标出圆心位置时，可按右图标注 |
| 小尺寸 | | 　如上排图例所示，没有足够空间时，箭头可画在外面，或用小圆点代替两个箭头；尺寸数字也可注写在图形外面或引出标注。圆和圆弧的小尺寸，可按下排图例标注 |

### 6. 对称图形的尺寸标注

对称图形应把尺寸标注为对称分布，当对称的图形只画出一半或一大半时，尺寸线应略超过对称中心线或断裂处的边界线，此时应在尺寸线的一端画出箭头，如图 1-21 所示。

图 1-21　对称图形的标注

## 四、尺寸的简化标注方法

当相同对象数量较多，且规则分布，或特定的形状的表示，国标规定可采用简化的尺寸标注方法，常用的尺寸简化标注方法见表1-7。

表 1-7　尺寸简化标注方法

| 序号 | 简 化 后 | 简 化 前 | 说 明 |
|---|---|---|---|
| 1 | | | 标注尺寸时，也可采用不带箭头的指引线 |
| 2 | | | 从同一基准出发的尺寸可按左图（简化后）的形式标注 |
| 3 | | | 在同一图形中，对于尺寸相同的孔、槽等组成要素，可仅在一个要素上注出其尺寸和数量 |
| 4 | | | 标注正方形结构的尺寸时，可在正方形边长尺寸数字前加注"□"符号 |
| 5 | | | 在不致引起误解时，零件图中的倒角可以省略不画，其尺寸也可简化标注 |

# 第三节　常用绘图工具

图样中的各种图形，一般是由直线和曲线按照一定的几何关系绘制而成的。作图时，需要利用绘图工具，按照图形的几何关系顺序完成。同时，正确的使用绘图工具和仪器，是提高绘图质量和效率的一个重要方面，因此，必须养成正确使用绘图工具的良好习惯。绘图工具和仪器的使用方法如下。

## 一、图板、丁字尺、三角板

图板用作画图时的垫板，要求表面平坦光洁；又因它的左边用作导边，所以左边必须平直。

丁字尺是画水平线的长尺。丁字尺由尺头和尺身组成，画图时，应使尺头靠着图板左侧的导边。画水平线必须自左向右画，如图1-22所示。

图1-22　图板和丁字尺

一副三角板有两块，一块是45°三角板，另一块是30°和60°三角板。除了直接用它们来画直线外，也可配合丁字尺画铅垂线和其他倾斜线。如图1-23、图1-24所示。

图1-23　垂直线的画法

图1-24　倾斜线的画法

用一块三角板能画与水平线成30°、45°、60°的倾斜线。用两块三角板能画与水平线成15°、75°、105°和165°的倾斜线，如图1-25所示。也可用来画平行线和垂直线。如图1-26所示。

## 二、圆规和分规

### 1. 圆规

圆规用来画圆和圆弧。圆规的一个脚上装有钢针，称为针脚，用来定圆心；另一个脚可

图 1-25　用两块三角板配合画线

图 1-26　用两块三角板画平行线和垂直线

图 1-27　圆规

装铅芯，称为笔脚。

在使用前应先调整针脚，使针尖略长于铅芯，如图 1-27 所示。笔脚上的铅芯应削成楔形，以便画出粗细均匀的圆弧。

画图时圆规向前进方向稍微倾斜；画较大的圆时，应使圆规两脚都与纸面垂直。如图 1-28 所示。

(a) 将针尖插入圆心　　　(b) 圆规向画线方向倾斜　　　(c) 画大圆时,圆规两脚垂直纸面

图 1-28　圆规的使用方法

2. 分规

分规用来等分和量取线段。分规两脚的针尖在并拢后，应能对齐，如图 1-29 所示。图 1-30 为用分规等分线段的方法。图 1-31 为分规截取尺寸的方法。

(a) 正确 (b) 错误

图 1-29 针尖对齐

图 1-30 分规等分线段的方法

图 1-31 分规截取尺寸的方法

## 三、曲线板

曲线板是用来绘制非圆曲线的。首先要定出曲线上足够数量的点，再徒手用铅笔轻轻地将各点光滑地连接起来，然后选择曲线板上曲率与之相吻合的部分分段画出各段曲线。注意应留出各段曲线末端的一小段不画，用于连接下一段曲线，这样曲线才显得圆滑，如图 1-32 所示。首先找出曲线板与 1、2、3 点相吻合的曲率，画出连接的曲线，然后移动曲线板，再找出与 3、4、5 点吻合的曲率，画出连接的曲线，依此类推，完成非圆曲线的作图。

图 1-32 用曲线板作图

## 四、铅笔

铅笔分硬、中、软三种，标号有 6H、5H、4H、3H、2H、H、HB、B、2B、3B、4B、5B、6B 等，其中 6H 最硬，HB 为中等硬度，6B 最软。画图时，通常用 H 或 2H 铅笔画底稿（细线）；用 B 或 HB 铅笔加粗加深全图（粗实线）；写字时用 HB 铅笔。

2H、H、HB 铅笔：修磨成圆锥形。B 铅笔：修磨成扁铲形。如图 1-33 所示。

(a) 圆锥形 (b) 扁铲形

图 1-33 铅笔的修磨

## 五、绘图纸

绘图纸质地坚实，绘图时应使用正面，使用时用橡皮擦拭，不易起毛的为正面。

# 第四节 几何作图

零件的形状虽然多种多样，但归根结底都是由一些基本几何体组合而成的，因此，绘制机械图样，首先应先掌握这些基本几何体的作图方法。

## 一、线段和圆周的等分

1. 等分直线段

（1）过已知线段的一个端点，画任意角度的直线，并用分规自线段的起点量取 $n$ 个线段。

（2）将等分的最末点与已知线段的另一端点相连。

（3）过各等分点作该线的平行线与已知线段相交即得到等分点，即推画平行线法。如图1-34所示。

图 1-34　等分直线段

2. 等分圆周

（1）正六边形画法

方法一：用圆规作图

(a) 方法一　　　(b) 方法二

图 1-35　正六边形画法

分别以已知圆在水平直径上的两处交点 $A$、$D$ 为圆心，以 $R = D/2$ 作圆弧，与圆交于 $C$、$D$、$E$、$F$ 点，依次连接 $A$、$B$、$C$、$D$、$E$、$F$ 点即得圆内接正六边形，如图 1-35（a）所示。

方法二：用三角板和丁字尺作图

画正六边形的方法：以 60°三角板配合丁字尺作平行线，画出四条边斜边，再以丁字尺作上、下水平边，即得圆内接正六边形，如图 1-35（b）所示。

用圆规画正三、十二边形方法如图 1-36 所示。

用三角板配合画正三边形方法如图 1-37 所示。

图 1-36　用圆规画正三、十二边形

图 1-37　用三角板配合画正三边形

图 1-38　正五边形画法

（2）正五边形画法　方法如图 1-38 所示：

① 作 $OA$ 的中点 $M$。

② 以 $M$ 点为圆心，$M1$ 为半径作弧，交水平直径于 $K$ 点。

③ 以 $1K$ 为边长，将圆周五等分，即可作出圆内接正五边形。

（3）正 $n$ 边形（以正七边形为例）$n$ 等分铅垂直径 $AK$（在图 1-39 中 $n=7$），以 $A$ 点为圆心，$AK$ 为半径作弧，交水平中心线于点 $S$，延长连线 $S2$、$S4$、$S6$，与圆周交得点 $G$、$F$、$E$，再作出它们的对称点，即可作出圆内接正 $n$ 边形。

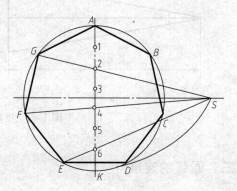

图 1-39　正 $n$ 边形画法

## 二、斜度和锥度

斜度=$\tan\alpha=H/L=1:n$

图 1-40　斜度

1. 斜度

斜度是指一直线（或平面）对另一直线（或平面）的倾斜程度。它的特点是单向分布。如图 1-40 所示。

斜度：高度差与长度之比

斜度 $=H/L=1:n$

斜度的画法及表示方法如图 1-41 所示。

图 1-41 斜度的画法与表示方法

锥度=D/L(D−d)/l=2tanα=1∶n

图 1-42 锥度

**2. 锥度**

锥度是指正圆锥底圆直径与其高度之比，或正圆台的两底圆直径差与其高度之比。它的特点是双向分布。如图 1-42 所示。

锥度：直径差与长度之比

锥度 $=D/L=(D-d)/l=1∶n$

锥度的画法与表示方法如图 1-43 所示。

注意：计算时，均把比例前项化为 1，在图中以 1∶n 的形式标注。

图 1-43 锥度的画法与表示方法

## 三、圆弧的连接

在绘制零件的轮廓形状时，经常遇到从一条直线（或圆弧）光滑地过渡到另一条直线（或圆弧）的情况，如图 1-44 所示，这种光滑过渡的连接方式，称为圆弧连接。

(a) 扳手　　　(b) 吊钩　　　(c) 手轮　　　(d) 连杆

图 1-44 零件的圆弧连接

圆弧连接主要有圆弧和直线连接与圆弧和圆弧连接，其作图的关键在于找出连接圆弧的圆心。如图 1-45 所示为扳手轮廓上的圆弧连接。

1. 圆弧连接作图的基本步骤

首先求作连接圆弧的圆心，它应满足到两被连接线段的距离均为连接圆弧的半径的条件。然后找出连接点，即连接圆弧与被连接线段的切点。最后在两连接点之间画连接圆弧。

2. 直线间的圆弧连接

与已知直线相切的圆，其圆心轨迹是一条直线，它是与已知直线平行，间距为圆的半径 $R$。如图 1-46 所示。

图 1-45 扳手轮廓图

图 1-46 圆与直线相切

直线与圆弧连接作图方法如图 1-47 所示。

(1) 作与两已知直线分别相距为 $R$（连接圆弧的半径）的平行线。两平行线的交点 $O$ 即为圆心。

(2) 从圆心 $O$ 向两已知直线作垂线，垂足 $M$、$N$ 即为连接点。

(3) 以 $O$ 为圆心，以 $R$ 为半径，在两连接点之间画弧。

图 1-47 直线间的圆弧连接

3. 圆弧间的圆弧连接

圆与圆相切，与已知圆相切的圆，其圆心轨迹为已知圆的同心圆，同心圆的半径，根据相切情况而定。外切时为两圆半径之和；内切时为两圆半径之差。

(1) 连接圆弧的圆心和连接点的求法

① 用算术法求圆心：根据已知圆弧的半径 $R_1$ 或 $R_2$ 和连接圆弧的半径 $R$ 计算出连接圆弧的圆心轨迹线圆弧的半径 $R'$，作图方法如图 1-48 所示。

外切时：$R' = R + R_1$

内切时：$R' = |R_2 - R|$

② 用连心线法求连接点。

外切时：连接点在已知圆弧和圆心轨迹线圆弧的圆心连线上。

内切时：连接点在已知圆弧和圆心轨迹线圆弧的圆心连线的延长线上。

③ 以 $O$ 为圆心，以 $R$ 为半径，在两连接点之间画弧。

图 1-48 圆弧间的圆弧连接

（2）圆弧间的圆弧连接的两种形式

① 外连接：连接圆弧和已知圆弧的弧向相反。如图 1-49 所示。

② 内连接：连接圆弧和已知圆弧的弧向相同。如图 1-50 所示。

图 1-49 外连接　　　　　　　　　图 1-50 内连接

**4. 作与已知圆相切的直线**

与圆相切的直线，垂直于该圆心与切点的连线。因此，利用三角板的两直角边，便可作圆的切线。方法如图 1-51、图 1-52 所示。

图 1-51　过圆外一点作圆的切线

**5. 直线与圆弧间的圆弧连接**

（1）连接圆弧连接一直线并外切于一圆弧

① 以 $M$、$N$ 为圆心，$R$ 为半径分别画弧，过两弧的顶点作两弧的切线 $JK$；如图 1-53

图1-52　作圆的内切线

（b）所示。

② 以 $O_1$ 为圆心，$R_1 + R$ 为半径画弧，交直线 $JK$ 于点 $O$；如图1-53（c）.所示。

③ 连接 $OO_1$，交圆周于 $A$，过 $O$ 点作 $MN$ 的垂线，交 $MN$ 于点 $B$；$A$、$B$ 即为连接点。以 $O$ 为圆心，$OB$ 为半径（$OB = OA = R$）画弧，即为所求。如图1-53（d）所示。

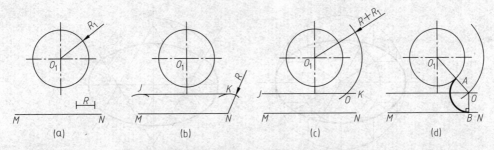

图1-53　连接圆弧连接一直线并外切于一圆弧

（2）连接圆弧连接一直线并内切于一圆弧

① 以 $M$、$N$ 为圆心，$R$ 为半径分别画弧，过两弧的顶点作两弧的切线 $JK$；如图1-54（b）所示。

② 以 $O_1$ 为圆心，$R - R_1$ 为半径画弧，交直线 $JK$ 于点 $O$；如图1-54（c）所示。

③ 连接 $OO_1$，并延长与圆 $O_1$ 交于 $A$ 点，过 $O$ 作 $MN$ 的垂线，交 $MN$ 与点 $B$；$A$、$B$ 即为连接点。以 $O$ 为圆心，$OB$ 为半径（$OB = OA = R$）画弧，即为所求。如图1-54（d）所示。

### 四、椭圆的画法

椭圆常用画法有同心圆法和四心圆弧法两种。

#### 1. 同心圆法

如图1-55（a）所示，以 $AB$ 和 $CD$ 为直径画同心圆，然后过圆心作一系列直径与两圆

图 1-54　连接圆弧连接一直线并内切于一圆弧

相交。由各交点分别作与长轴、短轴平行的直线，即可相应找到椭圆上各点。最后，光滑连接各点即可。

2. 椭圆的近似画法（四心圆弧法）

如图 1-55（b）所示，已知椭圆的长轴 $AB$ 与短轴 $CD$。

（1）连 $AC$，以 $O$ 为圆心，$OA$ 为半径画圆弧，交 $CD$ 延长线于 $E$；

（2）以 $C$ 为圆心，$CE$ 为半径画圆弧，截 $AC$ 于 $E_1$；

（3）作 $AE_1$ 的中垂线，交长轴于 $O_1$，交短轴于 $O_2$，并找出 $O_1$ 和 $O_2$ 的对称点 $O_3$ 和 $O_4$。

（4）把 $O_4$ 与 $O_2$、$O_2$ 与 $O_3$、$O_3$ 与 $O_4$、$O_4$ 与 $O_1$ 分别连直线；

（5）以 $O_1$、$O_3$ 为圆心，$O_1A$ 为半径；$O_2$、$O_4$ 为圆心，$O_2C$ 为半径，分别画圆弧到连心线，$K$、$K_1$、$N_1$、$N$ 为连接点即可。

(a) 同心圆法　　　　　　(b) 四心圆弧法

图 1-55　椭圆的画法

# 第五节　平面图形的画法

平面图形是由直线和曲线按照一定的几何关系绘制而成的，这些线段又必须根据给定的尺寸关系画出，所以就必须对图形中标注的尺寸进行分析。

## 一、平面图形的尺寸分析

1. 定形尺寸

定形尺寸是指确定平面图形上几何元素形状大小的尺寸，如图 1-56 所示中的 $\phi12$、

$R13$、$R26$、$R7$、$R8$、48 和 10。一般情况下确定几何图形所需定形尺寸的个数是一定的，如直线的定形尺寸是长度，圆的定形尺寸是直径，圆弧的定形尺寸是半径，正多边形的定形尺寸是边长，矩形的定形尺寸是长和宽两个尺寸等。

2. 定位尺寸

定位尺寸是指确定各几何元素相对位置的尺寸，如图 1-56 中的 18、40。确定平面图形位置需要两个方向的定位尺寸，即水平方向和垂直方向，也可以以极坐标的形式定位，即半径加角度。

3. 尺寸基准

任意两个平面图形之间必然存在着相对位置，就是说必有一个是参照的。图形上用来确定其他点、线、面位置的依据称为基准。

平面图形上确定其他点、线位置的点和线称为尺寸基准，简称基准。图纸上基准是标注尺寸的起点。平面图形尺寸有水平和垂直两个方向（相当于坐标轴 $x$ 方向和 $y$ 方向），因此基准也必须从水平和垂直两个方向考虑。平面图形中尺寸基准是点或线。常用的点基准有圆心、球心、多边形中心点、角点等，线基准往往是图形的对称中心线或图形中的边线。

图 1-56　平面图形

## 二、线段分析

根据定形、定位尺寸是否齐全，可以将平面图形中的图线分为以下三大类。

1. 已知线段

平面图形中定形、定位尺寸标注齐全的线段。

作图时该类线段可以直接根据尺寸作图，如图 1-56 中的 $\phi12$ 的圆、$R13$ 的圆弧、48 和 10 的直线均属已知线段。

2. 中间线段

平面图形中只有定形尺寸但定位尺寸不齐全的线段。

作图时必须根据该线段与相邻已知线段的几何关系，通过几何作图的方法求出，如图 1-56 中的 $R26$ 和 $R8$ 两段圆弧。

3. 连接线段

平面图形中只有定形尺寸没有定位尺寸的线段。其定位尺寸需根据与线段相邻的两线段的几何关系，通过几何作图的方法求出，如图 1-56 中的 $R7$ 圆弧段、$R26$ 和 $R8$ 间的连接直线段。

在两条已知线段之间，可以有多条中间线段，但必须而且只能有一条连接线段。否则，尺寸将出现缺少或多余。

## 三、平面图形的画图步骤

如图 1-57 所示手柄的平面图形，其作图步骤如下：

1. 画图前的准备工作

（1）准备好必需的制图工具和仪器。

图 1-57　手柄的平面图形

（2）根据图形大小选择比例及图纸幅面。

（3）分析平面图形中哪些是已知线段，哪些是连接线段，以及所给定的连接条件。决定画图的先后顺序，确定图形在图纸上的布局。

2. 画图步骤

（1）根据各组成部分的尺寸关系画出作图基准、定位线，如图 1-58（a）所示。

（2）画出已知线段，如图 1-58（b）所示。

（3）画出中间线段，如图 1-58（c）所示。

（4）画出连接线段，如图 1-58（d）所示。

（5）擦去多余线段，将图线加粗加深，如图 1-58（e）所示。

（6）标注尺寸，填写标题栏。

图 1-58　平面图形的作图步骤

## 四、平面图形的尺寸注法

平面图形中标注的尺寸，必须能唯一地确定图形的形状和大小，不遗漏、不多余地标注出确定各线段的相对位置及其大小的尺寸。标注尺寸的方法和步骤如图 1-59 所示。

1. 分析图形，确定图形中各线段的性质，选择水平和垂直方向的基准线

确定基准图形由外线框、内线框和两个小圆构成。整个图形左右是对称的，所以选择对称中心线为水平方向基准。垂直方向基准选两个小圆的中心线。

2. 按已知线段、中间线段、连接线段的次序逐个标注尺寸

（1）标注定形尺寸。外线框需注出 $R12$ 和两个 $R20$ 以及 $R15$；内线框需注出 $R8$，两个小圆要注出 $2×\phi12$。

图1-59 平面图形的尺寸标注

（2）标注定位尺寸。左右两个圆心的定位尺寸65，上下两个半圆的圆心定位尺寸5和10。

## 五、徒手绘图的基本方法

依靠目测来估计物体各部分的尺寸比例、徒手绘制的图样称为草图。在设计、测绘、修配机器时，都要绘制草图。所以，徒手绘图是和使用仪器绘图同样重要的绘图技能。绘制草图时使用软一些的铅笔（如HB、B或者2B），铅笔削长一些，铅芯呈圆形，粗细各一支，分别用于绘制粗、细线。

画草图时，可以用有方格的专用草图纸，或者在白纸下面垫一张有格子的纸，以便控制图线的平直和图形的大小。

### 1. 直线的画法

画直线时，可先标出直线的两端点，在两点之间先画一些短线，再连成一条直线。运笔时手腕要灵活，目光应注视线的端点，不可只盯着笔尖。画水平线应自左至右画出；垂直线自上而下画出；斜线斜度较大时可自左向右下或自右向左下画出，如图1-60所示。

图1-60 直线的画法

### 2. 常用角度的画法

画30°、45°、60°等常用角度，可根据两直角边的比例关系，在两直角边上定出几点，然后连线而成，如图1-61（a）、（b）、（c）所示。若画10°、15°、75°等角度，则可先画出30°的角后再二等分、三等分得到，如图1-61（d）所示。

图 1-61　角度线的徒手画法

### 3. 圆的画法

画圆时，应先画中心线。较小的圆在中心线上定出半径的四个端点，过这四个端点画圆。稍大的圆可以过圆心再作两条斜线，再在各线上定半径长度，然后过这八个点画圆。如图 1-62 所示。圆的直径很大时，可以用手作圆规，以小指支撑于圆心，使铅笔与小指的距离等于圆的半径，笔尖接触纸面不动，转动图纸，即可得到所需的大圆。也可在一纸条上作出半径长度的记号，使其一端置于圆心，另一端置于铅笔，旋转纸条，便可以画出所需圆。如图 1-63 所示。

图 1-62　圆的画法

图 1-63　徒手绘制圆形

### 4. 圆弧的画法

先将两直线徒手画成相交，然后目测，在分角线上定出圆心位置，使它与角两边的距离等于圆角的半径的大小。过圆心向两边引垂线，定出圆弧的起点和终点，并在分角线上也定出一圆周点，然后画圆弧把三点连接起来，如图 1-64 所示。

### 5. 椭圆的徒手画法

画椭圆时，先目测定出其长、短轴的四个端点，然后分段画出四段圆弧，画图时应注意图形的对称性。如图 1-65 所示。

(a)1/4圆弧的画法　　　　　　　　(b)任意圆弧的画法

图 1-64　圆弧的画法

| 图 1-65 椭圆的徒手画法 | 图 1-66 徒手绘制平面图形 |

### 6. 徒手绘制平面图形

徒手绘制平面图形时，也和使用尺、规作图时一样，要进行图形的尺寸分析和线段分析，先画已知线段，再画中间线段，最后画连接线段。在方格纸上画平面图形时，主要轮廓线和定位中心线应尽可能利用方格纸上的线条，图形各部分之间的比例可按方格纸上的格数来确定。图 1-66 所示为徒手在方格纸上画平面图形的示例。

## 小　结

1. 图样是按照一定的投影方法，遵照国家标准绘制的准确地表达物体的形状、尺寸和技术要求的图。其中，形状、尺寸和技术要求三个方面，缺一不可。

2. 立体图直观、容易识读，但其图样表达发生变形、且内部和后面结构表达不清楚。

3. 表达单个零件的形状、结构、大小及技术要求的图样称为零件图。

4. 图纸幅面有 A0、A1、A2、A3、A4 五种基本形式，A0 尺寸最大，A4 尺寸最小。

5. 图框有不留装订边和留装订边两种，同一产品的图样应采用同一种图框格式。

6. 每张图纸上必须画出标题栏，标题栏中应填写零件的名称、材料、代号、绘图比例、数量及设计者的姓名、设计日期等内容。

7. 比例中 1∶1 的比例表示实物尺寸与图形相应要素尺寸相同。比例大于 1 的称为"放大比例"，表示实物尺寸小于图形相应要素尺寸。比例小于 1 的称为"缩小比例"，表示实物尺寸大于图形相应要素尺寸。绘图时应尽量采用 1∶1 比例。

8. 图样不论放大或缩小，图样上标注的尺寸均为机件的实际大小，而与采用的比例无关。

9. 绘制同一机件的各个视图应采用相同的比例，并在标题栏的比例栏中填写。

10. 粗实线一般用于可见轮廓线、表示剖切面起讫的剖切符号。

11. 细实线用于尺寸线、尺寸界线、剖面线、指引线、重合断面轮廓线。

12. 虚线用于不可见轮廓线。

13. 波浪线用于断裂处边界线、视图和剖视图的分界线。

14. 双折线用于断裂处边界线。

15. 粗虚线用于允许表面处理的表示线。

16. 粗点画线用于有特殊要求的线或表面的表示线。

17. 双点画线用于相邻辅助零件轮廓线、极限轮廓线、假想投影轮廓线。

18. 图样中必须标注尺寸来确定其大小。尺寸标注必须符合国家标准的规定。

19. 完整的尺寸标注包含下列三个要素：尺寸界限、尺寸线、尺寸数字。

20. 常用尺寸的标注方法。

21. 图板、丁字尺、三角板、圆规和分规、曲线板、铅笔的正确使用。

22. 斜度是指一直线（或平面）对另一直线（或平面）的倾斜程度。它的特点是单向分布。

23. 锥度是指正圆锥底圆直径与其高度之比，或正圆台的两底圆直径差与其高度之比。它的特点是双向分布。

24. 在绘制零件的轮廓形状时，经常遇到从一条直线（或圆弧）光滑地过渡到另一条直线（或圆弧）的情况，这种光滑过渡的连接方式，称为圆弧连接。

25. 圆弧连接作图的基本步骤：首先求作连接圆弧的圆心，它应满足到两被连接线段的距离均为连接圆弧的半径的条件。然后找出连接点，即连接圆弧与被连接线段的切点。最后在两连接点之间画连接圆弧。

26. 椭圆两种画法：同心圆法和四心圆弧法。

27. 定形尺寸是指确定平面图形上几何元素形状大小的尺寸。

28. 定位尺寸是指确定各几何元素相对位置的尺寸。

29. 平面图形上确定其他点、线位置的点和线称为尺寸基准，简称基准。图纸上基准是标注尺寸的起点。

30. 平面图形中尺寸基准是点或线。常用的点基准有圆心、球心、多边形中心点、角点等，线基准往往是图形的对称中心线或图形中的边线。

31. 已知线段：平面图形中定形、定位尺寸标注齐全的线段。

32. 中间线段：平面图形中只有定形尺寸但定位尺寸不齐全的线段。

33. 连接线段：平面图形中只有定形尺寸没有定位尺寸的线段。

34. 画图步骤：先画出作图基准、定位线。再依次画出已知线段、中间线段、连接线段。擦去多余线段，将图线加粗加深。标注尺寸，填写标题栏。

35. 平面图形的尺寸标注步骤：先分析图形，基准。再按已知线段、中间线段、连接线段的次序逐个标注尺寸。

36. 依靠目测来估计物体各部分的尺寸比例、徒手绘制的图样称为草图。

37. 徒手绘制平面图形时，也和使用尺、规作图时一样，要进行图形的尺寸分析和线段分析，先画已知线段，再画中间线段，最后画连接线段。

# 第二章
# 投影基础

## 目的要求：

1. 掌握正投影法的基本性质
2. 理解并掌握三视图的形成和投影规律
3. 理解并掌握在三面投影图中点的投影规律
4. 理解并掌握各种位置直线的投影特性，并能根据投影特性判别直线对投影面的相对位置
5. 掌握典型平面体、回转体的投影特点和规律
6. 掌握平面体、曲面体的截交线的形成，熟悉圆柱与圆柱、圆柱与圆球、相贯线的形成并能分析其形状
7. 了解轴测图的种类、性质，掌握平面立体的正等测图的画法

## 教学重点：

1. 三视图的投影规律
2. 在两面和三面投影图中点的投影规律
3. 各种位置直线、平面的投影特性
4. 掌握在平面立体和圆柱体表面取点、取线的作图方法
5. 能够正确标注基本体所需的尺寸
6. 平面立体截交线的画法

## 教学难点：

1. 在圆柱体、圆球体表面取点、取线的作图方法
2. 相贯线的画法

## 第一节　投影的基本知识

在工程技术中，人们常用到各种图样，如机械图样、建筑图样等。这些图样都是按照不同的投影方法绘制出来的，而机械图样是用正投影法绘制的。

### 一、投影法的概念

在日常生活中，人们看到太阳光或灯光照射物体时，在地面或墙壁上出现物体的影子，这就是一种投影现象。我们把光线称为投射线（或叫投影线），地面或墙壁称为投影面，影子称为物体在投影面上的投影。

下面进一步从几何观点来分析投影的形成。设空间有一定点 $S$ 和任一点 $A$，以及不通过点 $S$ 和点 $A$ 的平面 $P$，如图 2-1 所示，从点 $S$ 经过点 $A$ 作直线 $SA$，直线 $SA$ 必然与平面 $P$ 相交于一点 $a$，则称点 $a$ 为空间任一点 $A$ 在平面 $P$ 上的投影，称定点 $S$ 为投影中心，称平面 $P$ 为投影面，称直线 $SA$ 为投影线。据此，要作出空间物体在投影面上的投影，其实质就

是通过物体上的点、线、面作出一系列的投影线与投影面的交点，并根据物体上的线、面关系，对交点进行恰当的连线。

如图 2-2 所示，作 △ABC 在投影面 P 上的投影。先自点 S 过点 A、B、C 分别作直线 SA、SB、SC 与投影面 P 的交点 a、b、c，再过点 a、b、c 作直线，连成 △abc，△abc 即为空间的 △ABC 在投影面 P 上的投影。

图 2-1　投影法的概念

图 2-2　中心投影法

上述这种用投射线（投影线）通过物体，向选定的面投影，并在该面上得到图形的方法称为投影法。

## 二、投影法的种类及应用

### 1. 中心投影法

投影中心距离投影面在有限远的地方，投影时投影线汇交于投影中心的投影法称为中心投影法，如图 2-2 所示。

缺点：中心投影不能真实地反映物体的形状和大小，不适用于绘制机械图样。

优点：有立体感，工程上常用这种方法绘制建筑物的透视图。

(a) 斜投影法　　　　　　　(b) 正投影法

图 2-3　平行投影法

### 2. 平行投影法

投影中心距离投影面在无限远的地方，投影时投影线都相互平行的投影法称为平行投影法，如图 2-3 所示。

根据投影线与投影面是否垂直，平行投影法又可以分为两种：

（1）斜投影法——投影线与投影面相倾斜的平行投影法，如图 2-3（a）所示。

（2）正投影法——投影线与投影面相垂直的平行投影法，如图2-3（b）所示。

正投影法优点：能够表达物体的真实形状和大小，作图方法也较简单，所以广泛用于绘制机械图样。

3. 正投影的基本性质

（1）真实性 当直线或平面与投影面平行时则直线的投影反映实长、平面的投影反映实形。如图2-4（a）所示。

(a)直线、平面与投影面平行　　(b)直线、平面与投影面垂直　　(c)直线、平面与投影面倾斜

图2-4 直线、平面的投影

（2）集聚性 当直线或平面与投影面垂直时则直线的投影集聚成一点，平面的投影集聚成一条直线。如图2-4（b）所示。

（3）相似性 当直线或平面与投影面倾斜时则直线的投影长度变短，平面的投影面变小，但投影的形状仍与原来的形状相似。如图2-4（c）所示。

# 第二节 三视图的形成与对应关系

在机械制图中，通常假设人的视线为一组平行的，且垂直于投影面的投影线，这样在投影面上所得到的正投影称为视图。

一般情况下，一个视图不能确定物体的形状。如图2-5所示，两个形状不同的物体，它们在投影面上的投影都相同。因此，要反映物体的完整形状，必须增加由不同投影方向所得到的几个视图，互相补充，才能将物体表达清楚。工程上常用的是三视图。

## 一、三投影面体系与三视图的形成

1. 三投影面体系的建立

三投影面体系由三个互相垂直的投影面所组成，如图2-6所示。

在三投影面体系中，三个投影面分别为：

正立投影面，简称为正面，用 $V$ 表示；

水平投影面，简称为水平面，用 $H$ 表示；

侧立投影面，简称为侧面，用 $W$ 表示。

三个投影面的相互交线，称为投影轴。它们分别是：

$OX$ 轴，是 $V$ 面和 $H$ 面的交线，它代表长度方向；

$OY$ 轴，是 $H$ 面和 $W$ 面的交线，它代表宽度方向；

$OZ$ 轴，是 $V$ 面和 $W$ 面的交线，它代表高度方向。

图 2-5　一个视图不能确定物体的形状

图 2-6　三投影面体系

三个投影轴垂直相交的交点 $O$，称为原点。

2. 三视图的形成

将物体放在三投影面体系中，物体的位置处在人与投影面之间，然后将物体对各个投影面进行投影，得到三个视图，这样才能把物体的长、宽、高三个方向，上下、左右、前后六个方位的形状表达出来，如图 2-7（a）所示。三个视图分别为：

(a)

(b)

(c)

(d)

图 2-7　三视图的形成与展开

主视图，从前往后进行投影，在正立投影面（V 面）上所得到的视图。

俯视图，从上往下进行投影，在水平投影面（H 面）上所得到的视图。

左视图，从左往右进行投影，在侧立投影面（W 面）上所得到的视图。

3. 三投影面体系的展开

在实际作图中，为了画图方便，需要将三个投影面在一个平面（纸面）上表示出来，规定：使 V 面不动，H 面绕 OX 轴向下旋转 90°与 V 面重合，W 面绕 OZ 轴向右旋转 90°与 V 面重合，这样就得到了在同一平面上的三视图，如图 2-7（b）所示。可以看出，俯视图在主视图的下方，左视图在主视图的右方。在这里应特别注意的是：同一条 OY 轴旋转后出现了两个位置，因为 OY 是 H 面和 W 面的交线，也就是两投影面的共有线，所以 OY 轴随着 H 面旋转到 OYH 的位置，同时又随着 W 面旋转到 OYW 的位置。为了作图简便，投影图中不必画出投影面的边框，如图 2-7（c）所示。由于画三视图时主要依据投影规律，所以投影轴也可以进一步省略，如图 2-7（d）所示。

## 二、三视图的投影规律

从图 2-8 可以看出，一个视图只能反映两个方向的尺寸，主视图反映了物体的长度和高度，俯视图反映了物体的长度和宽度，左视图反映了物体的宽度和高度。由此可以归纳出三视图的投影规律：

主、俯视图"长对正"（即等长）；

主、左视图"高平齐"（即等高）；

俯、左视图"宽相等"（即等宽）；

三视图的投影规律反映了三视图的重要特性，也是画图和读图的依据。无论是整个物体还是物体的局部，其三面投影都必须符合这一规律。

图 2-8　视图间的"三等"关系

## 三、三视图与物体的对应关系

1. 位置关系

以主视图为准，俯视图放置在它的正下方，左视图放置在它的正右方，画三视图时要严格按照此位置关系绘制。

2. 尺寸关系

物体有长、宽、高三个方向的尺寸，每个视图都反映物体两个方向的尺寸：主视图反映物体的长度和高度尺寸，俯视图反映物体的长度和宽度尺寸，左视图反映物体宽度和高度尺寸。由于三视图反映的是同一物体，所以相邻两个视图同一方向的尺寸必定相等。如图 2-9 所示。

3. 方位关系

物体有上下、左右、前后六个方位关系，六个方位在三视图中的对应关系。如图 2-9 所示。

主视图反映了物体的上下、左右四个方位关系；

俯视图反映了物体的前后、左右四个方位关系；

图 2-9  三视图的方位关系

左视图反映了物体的上下、前后四个方位关系。

注意：以主视图为中心，俯视图、左视图靠近主视图的一侧为物体的后面，远离主视图的一侧为物体的前面。

## 四、三视图的作图方法和步骤

根据实物画三视图时，首先应分析其结构和形状，放正物体，使其主要面与投影面平行，确定主视图的投影方向。主视图应尽量反映物体的主要特征。

作图时，应先画出三视图的定位基准线，然后根据"长对正、高平齐、宽相等"的投影规律，将物体的各组成部分依次画出，如图 2-10 所示。

图 2-10  三视图的画图步骤

（1）选择主视图。将形体放正，把最能反映形体形状特征的一面作为主视图的方向，同时尽可能使其余两视图简明好画，虚线少。

（2）画基准线。先选定形体长、宽、高3个方向上的作图基准，分别画出它们在3个视图中的投影。通常选取形体的对称中心线、底面、端面作为基准。

（3）一般先画主视图，比例可根据实际尺寸大小决定。

（4）过主视图引垂线作俯视图，确保主视图和俯视图"长对正"。

（5）过主视图引平行线作左视图，确保主视图和左视图"高平齐"，借助分规或画45°线确保俯视图和左视图"宽相等"。

（6）检查、加深图线，完成三视图。

# 第三节　点、线、面的投影

任何物体都是由点、线、面等几何元素构成的，只有学习和掌握了几何元素的投影规律和特征，才能透彻理解机械图样所表示物体的具体结构形状。

## 一、点的投影及其标记

当投影面和投影方向确定时，空间一点只有唯一的一个投影。如图 2-11（a）所示，假设空间有一点 $A$，过点 $A$ 分别向 $H$ 面、$V$ 面和 $W$ 面作垂线，得到三个垂足 $a$、$a'$、$a''$，便是点 $A$ 在三个投影面上的投影。

图 2-11　点的三面投影

规定用大写字母（如 $A$）表示空间点，它的水平投影、正面投影和侧面投影，分别用相应的小写字母（如 $a$、$a'$ 和 $a''$）表示。

根据三面投影图的形成规律将其展开，可以得到如图 2-11（b）所示的带边框的三面投影图，即得到点 $A$ 三面投影；省略投影面的边框线，就得到如图 2-11（c）所示的 $A$ 点的三面投影图。

## 二、点的三面投影规律

1. 点的投影与点的空间位置的关系

从图 2-11（a）、（b）可以看出，$Aa$、$Aa'$、$Aa''$ 分别为点 $A$ 到 $H$、$V$、$W$ 面的距离，即：

$Aa=a'a_X=a''a_Y$（即 $a''a_{YW}$），反映空间点 $A$ 到 $H$ 面的距离；

$Aa'=aa_X=a''a_Z$，反映空间点 $A$ 到 $V$ 面的距离；

$Aa''=a'a_Z=aa_Y$（即 $a_{YH}$），反映空间点 $A$ 到 $W$ 面的距离；

上述即是点的投影与点的空间位置的关系，根据这个关系，若已知点的空间位置，就可以画出点的投影。反之，若已知点的投影，就可以完全确定点在空间的位置。

2. 点的三面投影规律

由图 2-11 中还可以看出：

$aa_{YH}=a'a_Z$　即 $a'a\perp OX$

$a'a_X=a''a_{YW}$　　即 $a'a''\perp OZ$

$aa_X=a''a_Z$

这说明点的三个投影不是孤立的，而是彼此之间有一定的位置关系。而且这个关系不因空间点的位置改变而改变，因此可以把它概括为普遍性的投影规律：

（1）点的正面投影和水平投影的连线垂直 $OX$ 轴，即 $a'a\perp OX$；

（2）点的正面投影和侧面投影的连线垂直 $OZ$ 轴，即 $a'a''\perp OZ$；

（3）点的水平投影 $a$ 到 $OX$ 轴的距离等于侧面投影 $a''$ 到 $OZ$ 轴的距离，即 $aa_X=a''a_Z$。一般可以用 45°辅助线或以原点为圆心作弧线来反映这一投影关系。

根据上述投影规律，若已知点的任何两个投影，就可求出它的第三个投影。

**例 2-1**　已知点 $A$ 的正面投影 $a'$ 和侧面投影 $a''$（图 2-12），求作其水平投影 $a$。

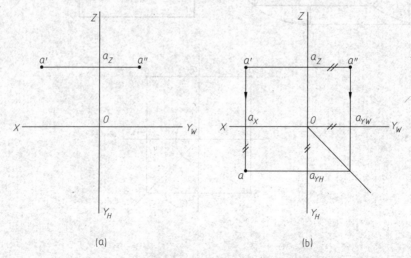

(a)　　　　　　　　(b)

图 2-12　已知点的两个投影求第三个投影

(1) 过 $a'$ 作 $a'a_X \perp OX$，并延长。

(2) 量取 $a''a_Z$，在 $a'a_X$ 延长线上截取 $a$ 点。也可自点 $O$ 作辅助线（与水平方向夹角为 $45°$），作图求得 $a$ 点。如图 2-12 所示。

## 三、点的三面投影与直角坐标

三投影面体系可以看成是一个空间直角坐标系，因此可用直角坐标确定点的空间位置。投影面 $H$、$V$、$W$ 作为坐标面，三条投影轴 $OX$、$OY$、$OZ$ 作为坐标轴，三轴的交点 $O$ 作为坐标原点。

由图 2-13 可以看出 $A$ 点的直角坐标与其三个投影的关系：

图 2-13　点的三面投影与直角坐标

点 $A$ 到 $W$ 面的距离 $= Oa_X = a'a_Z = aa_{YH} = x$ 坐标；

点 $A$ 到 $V$ 面的距离 $= Oa_{YH} = aa_X = a''a_Z = y$ 坐标；

点 $A$ 到 $H$ 面的距离 $= Oa_Z = a'a_X = a''a_{YW} = z$ 坐标。

用坐标来表示空间点位置比较简单，可以写成 $A(x, y, z)$ 的形式。

由图 2-13 (b) 可知，坐标 $x$ 和 $z$ 决定点的正面投影 $a'$，坐标 $x$ 和 $y$ 决定点的水平投影 $a$，坐标 $y$ 和 $z$ 决定点的侧面投影 $a''$，若用坐标表示，则为 $a(x, y, 0)$，$a'(x, 0, z)$，$a''(0, y, z)$。

因此，已知一点的三面投影，就可以量出该点的三个坐标；相反地，已知一点的三个坐标，就可以量出该点的三面投影。

**例 2-2**　已知点 $A$ 的坐标（20，10，18），作出点的三面投影，并画出其立体图。

其作图方法与步骤如图 2-14 所示。

立体图的作图步骤如图 2-15 所示。

## 四、特殊位置点的投影

1. 在投影面上的点（有一个坐标为 0）

有两个投影在投影轴上，另一个投影和其空间点本身重合。例如在 $V$ 面上的点 $A$，如图 2-16 (a) 所示。

2. 在投影轴上的点（有两个坐标为 0）

有一个投影在原点上，另两个投影和其空间点本身重合。例如在 $OZ$ 轴上的点 $B$，如图

图 2-14　由点的坐标作点的三面投影

图 2-15　由点的坐标作立体图

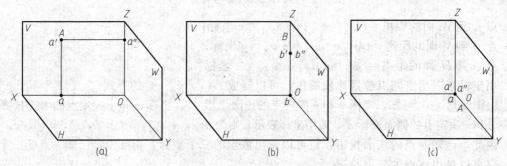

图 2-16　特殊位置点的投影

2-16（b）所示。

3. 在原点上的空间点（有三个坐标都为 0）

它的三个投影必定都在原点上。如图 2-16（c）所示。

## 五、两点的相对位置

设已知空间点 A，由原来的位置向上（或向下）移动，则 $z$ 坐标随着改变，也就是 A 点对 H 面的距离改变；

如果点 A，由原来的位置向前（或向后）移动，则 $y$ 坐标随着改变，也就是 A 点对 V 面的距离改变；

如果点 $A$，由原来的位置向左（或向右）移动，则 $x$ 坐标随着改变，也就是 $A$ 点对 $W$ 面的距离改变。

综上所述，对于空间两点 $A$、$B$ 的相对位置：

（1）距 $W$ 面远者在左（$x$ 坐标大）；近者在右（$x$ 坐标小）；

（2）距 $V$ 面远者在前（$y$ 坐标大）；近者在后（$y$ 坐标小）；

（3）距 $H$ 面远者在上（$z$ 坐标大）；近者在下（$z$ 坐标小）。

如图 2-17 所示，若已知空间两点的投影，即点 $A$ 的三个投影 $a$、$a'$、$a''$ 和点 $B$ 的三个投影 $b$、$b'$、$b''$，用 $A$、$B$ 两点同面投影坐标差就可判别 $A$、$B$ 两点的相对位置。由于 $x_A > x_B$，表示 $B$ 点在 $A$ 点的右方；$z_B > z_A$，表示 $B$ 点在 $A$ 点的上方；$y_A > y_B$，表示 $B$ 点在点 $A$ 的后方。总起来说，就是 $B$ 点在 $A$ 点的右、后、上方。

(a)                    (b)

图 2-17 两点的相对位置

若空间两点在某一投影面上的投影重合，则这两点是该投影面的重影点。这时，空间两点的某两坐标相同，并在同一投射线上。

当两点的投影重合时，就需要判别其可见性，应注意：对 $H$ 面的重影点，从上向下观察，$z$ 坐标值大者可见；对 $W$ 面的重影点，从左向右观察，$x$ 坐标值大者可见；对 $V$ 面的重影点，从前向后观察，$y$ 坐标值大者可见。在投影图上不可见的投影加括号表示，如（$a'$）。

(a)                    (b)

图 2-18 重影点位置判断

如图 2-18 中，$C$、$D$ 位于垂直 $H$ 面的投射线上，$c$、$d$ 重影为一点，则 $C$、$D$ 为对 $H$ 面的重影点，$z$ 坐标值大者为可见，图中 $z_C > z_D$，故 $c$ 为可见，$d$ 为不可见，用 $c(d)$ 表示。

空间两点确定一条空间直线段，空间直线的投影一般也是直线。直线段投影的实质，就是线段两个端点的同面投影的连线；所以学习直线的投影，必须与点的投影联系起来。

## 六、直线的投影图

空间一直线的投影可由直线上的两点（通常取线段两个端点）的同面投影来确定。如图 2-19 所示的直线 $AB$，求作它的三面投影图时，可分别作出 $A$、$B$ 两端点的投影（$a$、$a'$、$a''$）、（$b$、$b'$、$b''$），然后将其同面投影连接起来即得直线 $AB$ 的三面投影图（$ab$、$a'b'$、$a''b''$）。

图 2-19  直线的投影

## 七、各种位置直线的投影特性

根据直线在三投影面体系中的位置可分为投影面倾斜线、投影面平行线、投影面垂直线三类。前一类直线称为一般位置直线，后两类直线称为特殊位置直线。由于位置不同，直线的投影就各有不同的投影特性，如图 2-20 所示。

图 2-20  直线对投影面的三种位置

### 1. 投影面平行线

平行于一个投影面且同时倾斜于另外两个投影面的直线称为投影面平行线。平行于 $V$ 面的称为正平线；平行于 $H$ 面的称为水平线；平行于 $W$ 面的称为侧平线。

投影面平行线的投影特性：在直线所平行的投影面上，其投影反映实长并倾斜于投影轴，另外两个投影分别平行于相应投影轴，且小于实长。

直线与投影面所夹的角称为直线对投影面的倾角。$\alpha$、$\beta$、$\gamma$ 分别表示直线对 $H$ 面、$V$ 面、$W$ 面的倾角。如图 2-21 所示。

当直线的投影有两个平行于投影轴，第三投影与投影轴倾斜时，则该直线一定是投影面平行线，且一定平行于其投影为倾斜线的那个投影面。

投影面的平行线如表 2-1 所示。

图 2-21　直线对投影面的倾角

表 2-1　投影面平行线

| | 三 视 图 | 投 影 面 | 投 影 特 性 |
|---|---|---|---|
| 水平线 | (a) | (b) | （1）水平投影 $ab$ 反映实长<br>（2）正面投影 $a'b' \parallel OX$，侧面投影 $a''b'' \parallel OY_W$，都不反映实长 |
| 正平线 | (a) | (b) | （1）正面投影 $a'b'$ 反映实长<br>（2）水平投影 $ab \parallel OX$，侧面投影 $a''b'' \parallel OZ$，都不反映实长 |
| 侧平线 | (a) | (b) | （1）侧面投影 $a''b''$ 反映实长<br>（2）正面投影 $a'b' \parallel OZ$，水平投影 $ab \parallel OY_H$，都不反映实长 |

**例 2-3**  如图 2-22 所示，已知空间点 $A$，试作线段 $AB$，长度为 15，并使其平行 $V$ 面，与 $H$ 面倾角 $\alpha = 30°$。

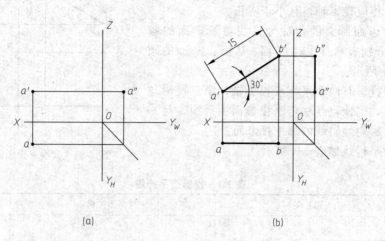

(a)                                        (b)

图 2-22  作正平线 $AB$

作图方法如图 2-22（b）所示。

图 2-23  投影面垂直线

投影面垂直线如表 2-2 所示。

### 2. 投影面垂直线

垂直于一个投影面且同时平行于另外两个投影面的直线称为投影面垂直线。垂直于 $V$ 面的称为正垂线；垂直于 $H$ 面的称为铅垂线；垂直于 $W$ 面的称为侧垂线。如图 2-23 所示。

投影面垂直线的投影特性：在直线所垂直的投影面上，其投影集聚成一点，另外两个投影分别垂直于相应投影轴，且反映实长。

直线的投影中只要有一个投影积聚为一点，则该直线一定是投影面垂直线，且一定垂直于其投影积聚为一点的那个投影面。

表 2-2  投影面垂直线

| | 三 视 图 | 投 影 面 | 投 影 特 性 |
|---|---|---|---|
| 铅垂线 | (a) | (b) | （1）水平投影积聚成一点 $a(b)$<br>（2）正面投影 $a'b' \perp OX$，侧面投影 $a''b'' \perp OY_W$，都反映实长 |

续表

| 三 视 图 | 投 影 面 | 投 影 特 性 |
|---|---|---|
| 正垂线  (a) | (b) | （1）正面投影积聚成一点 $a'(b')$<br>（2）水平投影 $ab\perp OX$，侧面投影 $a''b''\perp OZ$，都反映实长 |
| 侧垂线 (a) | (b) | （1）侧面投影积聚成一点 $a''(b'')$<br>（2）水平投影 $ab\perp OY_H$，正面投影 $a'b'\perp OZ$，都反映实长 |

**例 2-4** 如图 2-24 所示，已知正垂线 $AB$ 的点 $A$ 的投影，直线 $AB$ 长度为 10mm，试作直线 $AB$ 的三面投影。

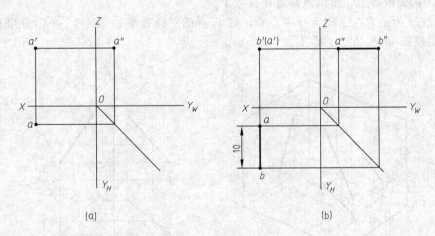

图 2-24 作正垂线 $AB$

作图方法如图 2-24（b）所示。

3. 一般位置直线

与三个投影面都处于倾斜位置的直线称为一般位置直线。

如图 2-25（a）所示，直线 $AB$ 与 $H$、$V$、$W$ 面都处于倾斜位置，倾角分别为 $\alpha$、$\beta$、$\gamma$。其投影如图 2-25（b）所示。

一般位置直线的投影特征可归纳为：

图 2-25　一般位置直线

（1）直线的三个投影和投影轴都倾斜，各投影和投影轴所夹的角度不等于空间线段对相应投影面的倾角；

（2）任何投影都小于空间线段的实长，也不能积聚为一点。

直线的投影如果与三个投影轴都倾斜，则可判定该直线为一般位置直线。

## 八、直线上点的投影

### 1. 直线上点的投影

点在直线上，则点的各个投影必定在该直线的同面投影上，反之，若一个点的各个投影都在直线的同面投影上，则该点必定在直线上。

如图 2-26 所示直线 $AB$ 上有一点 $C$，则 $C$ 点的三面投影 $c$、$c'$、$c''$ 必定分别在该直线 $AB$ 的同面投影 $ab$、$a'b'$、$a''b''$ 上。

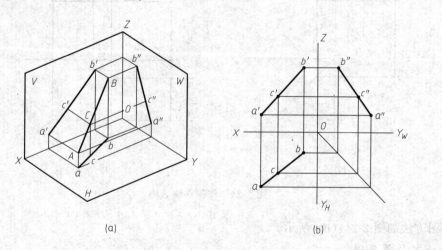

图 2-26　直线上点的投影

### 2. 直线投影的定比性

直线上的点分割线段之比等于其投影之比，这称为直线投影的定比性。

在图 2-26 中，点 $C$ 在线段 $AB$ 上，它把线段 $AB$ 分成 $AC$ 和 $CB$ 两段。根据直线投影的定比性，$AC:CB=ac:cb=a'c':c'b'=a''c'':c''b''$。

例 2-5 如图 2-27（a），已知侧平线 $AB$ 的两投影和直线上 $K$ 点的正面投影 $k'$，求 $K$ 点的水平投影 $k$。

(a)　　　　(b) 方法1　　　　(c) 方法2

图 2-27 求直线上点的投影

作图方法如图 2-27（b）、（c）所示。

## 九、两直线的相对位置

两直线的相对位置有平行、相交、交叉三种情况。

**1. 两直线平行**

（1）两直线平行的特性 若空间两直线平行，则它们的各同面投影必定互相平行。如图 2-28 所示，由于 $AB/\!/CD$，则必定 $ab/\!/cd$、$a'b'/\!/c'd'$、$a''b''/\!/c''d''$。反之，若两直线的各同面投影互相平行，则此两直线在空间也必定互相平行。

(a)　　　　(b)　　　　(c)

图 2-28 两直线平行

（2）判定两直线是否平行

① 如果两直线处于一般位置时，则只需观察两直线中的任何两组同面投影是否互相平行即可判定。

② 当两平行直线平行于某一投影面时，则需观察两直线在所平行的那个投影面上的投影是否互相平行才能确定。如图 2-29 所示，两直线 $AB$、$CD$ 均为侧平线，虽然 $ab/\!/cd$、$a'b'/\!/c'd'$，但不能断言两直线平行，还必需求作两直线的侧面投影进行判定，由于图中所示两直线的侧面投影 $a''b''$ 与 $c''d''$ 相交，所以可判定直线 $AB$、$CD$ 不平行。

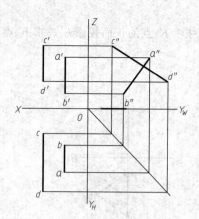

图 2-29 判断两直线是否平行

**2. 两直线相交**

（1）两直线相交的特性 若空间两直线相交，则它们的各同面投影必定相交，且交点符合点的投影规律。如图 2-30 所示，两直线 AB、CD 相交于 K 点，因为 K 点是两直线的共有点，则此两直线的各组同面投影的交点 k、k′、k″ 必定是空间交点 K 的投影。反之，若两直线的各同面投影相交，且各组同面投影的交点符合点的投影规律，则此两直线在空间也必定相交。

（2）判定两直线是否相交

① 如果两直线均为一般位置线时，则只需观察两直线中的任何两组同面投影是否相交且交点是否符合点的投影规律即可判定。

② 当两直线中有一条直线为投影面平行线时，则需观察两直线在该投影面上的投影是否相交且交点是否符合点的投影规律才能确定；或者根据直线投影的定比性进行判断。如图 2-31 所示，两直线 AB、CD 两组同面投影 ab 与 cd、a′b′ 与 c′d′ 虽然相交，但经过分析判断，可判定两直线在空间不相交。

(a)　　　　　　　　　　(b)

图 2-30　两直线相交

(a)　　　　　　　　　　(b)

图 2-31　两直线在空间不相交

### 3. 两直线交叉

两直线既不平行又不相交，称为交叉两直线。

（1）两直线交叉的特性　若空间两直线交叉，则它们的各组同面投影必不同时平行，或者它们的各同面投影虽然相交，但其交点不符合点的投影规律。反之亦然。如图 2-32（a）所示。

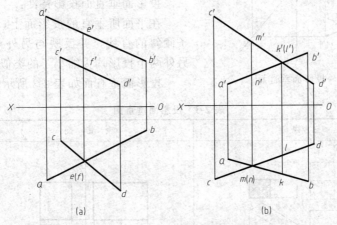

图 2-32　两直线交叉

（2）判定空间交叉两直线的相对位置　空间交叉两直线的投影的交点，实际上是空间两点的投影重合点。利用重影点和可见性，可以很方便地判别两直线在空间的位置。在图 2-32（b）中，判断 $AB$ 和 $CD$ 的正面重影点 $k'(l')$ 的可见性时，由于 $K$、$L$ 两点的水平投影 $k$ 比 $l$ 的 $y$ 坐标值大，所以当从前往后看时，点 $K$ 可见，点 $L$ 不可见，由此可判定 $AB$ 在 $CD$ 的前方。同理，从上往下看时，点 $M$ 可见，点 $N$ 不可见，可判定 $CD$ 在 $AB$ 的上方。

## 十、各种位置平面的投影特性

根据平面在三投影面体系中的位置可分为投影面倾斜面、投影面平行面、投影面垂直面三类。前一类平面称为一般位置平面，后两类平面称为特殊位置平面。

由于位置不同，平面的投影就各有不同的特性，如图 2-33 所示。

图 2-33　各种位置平面的投影特性

### 1. 投影面垂直面

垂直于一个投影面且同时倾斜于另外两个投影面的平面称为投影面垂直面。垂直于 $V$

图 2-34 投影面垂直面

面的称为正垂面；垂直于 $H$ 面的称为铅垂面；垂直于 $W$ 面的称为侧垂面。平面与投影面所夹的角度称为平面对投影面的倾角。$\alpha$、$\beta$、$\gamma$ 分别表示平面对 $H$ 面、$V$ 面、$W$ 面的倾角。如图 2-34 所示为铅垂面投影。

投影面垂直面投影特性：

在平面所垂直的投影面上，其投影积聚为一条倾斜的直线，并反映与另外两投影面的夹角。另外两个投影均为缩小了的类似形。

投影面垂直面如表 2-3 所示。

表 2-3　投影面垂直面

| 三视图 | 投影面 | 投影特性 |
|---|---|---|
| 铅垂线 (a) | (b) | (1) 水平投影积聚成直线<br>(2) 正面和侧面投影为缩小的类似形 |
| 正垂面 (a) | (b) | (1) 正面投影积聚成直线<br>(2) 水平和侧面投影为缩小的类似形 |
| 侧垂面 (a) | (b) | (1) 侧面投影积聚成直线<br>(2) 水平和正面投影为缩小的类似形 |

对于投影面垂直面的辨认：如果空间平面在某一投影面上的投影积聚为一条与投影轴倾斜的直线，则此平面垂直于该投影面。

**例 2-6** 如图 2-35（a）所示，四边形 $ABCD$ 垂直于 $V$ 面，已知 $H$ 面的投影 $abcd$ 及 $B$ 点的 $V$ 面投影 $b'$，且于 $H$ 面的倾角 $\alpha = 45°$，求作该平面的 $V$ 面和 $W$ 面投影。

(a)                                    (b)

图 2-35　求作四边形平面 $ABCD$ 的投影

作图方法如图 2-35（b）所示。

**2. 投影面平行面**

平行于一个投影面且同时垂直于另外两个投影面的平面称为投影面平行面。平行于 $V$ 面的称为正平面；平行于 $H$ 面的称为水平面；平行于 $W$ 面的称为侧平面；如图 2-36 所示为正平面投影。

投影面平行面投影特性：

在平面所平行的投影面上，其投影反映实形。另外两个投影积聚为直线且分别平行于相应的投影轴。

投影面平行面如表 2-4 所示。

如果空间平面在某一投影面上的投影积聚为一条与投影轴倾斜的直线，则此平面垂直于该投影面。

图 2-36　正平面投影

**3. 一般位置平面**

与三个投影面都处于倾斜位置的平面称为一般位置平面。

例如平面 $\triangle ABC$ 与 $H$、$V$、$W$ 面都处于倾斜位置，倾角分别为 $\alpha$、$\beta$、$\gamma$。其投影如图 2-37 所示。

一般位置平面的投影特征为：一般位置平面的三面投影，既不反映实形，也无积聚性，而都为缩小了的类似形。

如果平面的三面投影都是类似的几何图形的投影，则可判定该平面一定是一般位置平面。

## 十一、平面上的直线和点

**1. 平面上的点**

点在平面上的几何条件是：点在平面内的一直线上，则该点必在平面上。因此在平面上

汽·车·机·械·识·图

表 2-4 投影面平行面

| | 三 视 图 | 投 影 面 | 投 影 特 性 |
|---|---|---|---|
| 水平面 | (a) | (b) | (1)水平投影反映实形<br>(2)正面投影积聚成直线且平行于 $OX$，侧面投影积聚成直线且平行于 $OY_W$ |
| 正平面 | (a) | (b) | (1)正面投影反映实形<br>(2)水平投影积聚成直线且平行于 $OX$，侧面投影积聚成直线且平行于 $OZ$ |
| 侧平面 | (a) | (b) | (1)侧面投影反映实形<br>(2)水平投影积聚成直线且平行于 $OY_H$，正面投影积聚成直线且平行于 $OZ$ |

取点，必须先在平面上取一直线，然后再在该直线上取点。这是在平面的投影图上确定点所在位置的依据。

如图 2-38 所示，相交两直线 $AB$、$AC$ 确定一平面 $P$，点 $K$ 取自直线 $AB$，所以点 $K$ 必在平面 $P$ 上。

图 2-37 一般位置平面　　　　　　图 2-38 平面上的点

2. 平面上的直线

直线在平面上的几何条件是：

（1）若一直线通过平面上的两个点，则此直线必定在该平面上。

（2）若一直线通过平面上的一点并平行于平面上的另一直线，则此直线必定在该平面上。如图 2-39（a）所示，相交两直线 $AB$、$AC$ 确定一平面 $P$，分别在直线 $AB$、$AC$ 上取点 $E$、$F$，连接 $EF$，则直线 $EF$ 为平面 $P$ 上的直线。作图方法如图 2-39（b）所示。

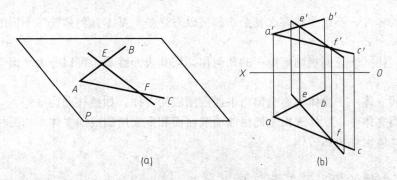

图 2-39　平面上的直线 1

如图 2-40 所示，相交两直线 $AB$、$AC$ 确定一平面 $P$，在直线 $AC$ 上取点 $E$，过点 $E$ 作直线 $MN /\!/ AB$，则直线 $MN$ 为平面 $P$ 上的直线。作图方法如图 2-40（b）所示。

图 2-40　平面上的直线 2

图 2-41　判断点是否属于平面

**例2-7** 如图2-41（a）所示，试判断点 $K$ 和点 $M$ 是否属于△$ABC$ 所确定的平面。

作图方法如图2-41（b）所示，所以，$K$ 点不在△$ABC$ 所确定的平面。$M$ 点在△$ABC$ 所确定的平面。

# 第四节　基本几何体的投影

机器上的零件，不论形状多么复杂，都可以看作是由基本几何体按照不同的方式组合而成的。

基本几何体——表面规则而单一的几何体。按其表面性质，可以分为平面立体和曲面立体两类。

（1）平面立体——立体表面全部由平面所围成的立体，如棱柱和棱锥等。

（2）曲面立体——立体表面全部由曲面或曲面和平面所围成的立体，如圆柱、圆锥、圆球等。曲面立体也称为回转体。

## 一、平面立体的投影及表面取点

1. 棱柱

棱柱由两个底面和棱面组成，棱面与棱面的交线称为棱线，棱线互相平行。棱线与底面垂直的棱柱称为正棱柱。本节仅讨论正棱柱的投影。

（1）棱柱的投影　以正六棱柱为例。如图2-42（a）所示为一正六棱柱，由上、下两个底面（正六边形）和六个棱面（长方形）组成。设将其放置成上、下底面与水平投影面平行，并有两个棱面平行于正投影面面。

(a) 立体图　　　　　　　　　　　　(b) 投影图

图 2-42　正六棱柱的投影及表面上的点

上、下两底面均为水平面，它们的水平投影重合并反映实形，正面及侧面投影积聚为两条相互平行的直线。六个棱面中的前、后两个为正平面，它们的正面投影反映实形，水平投影及侧面投影积聚为一直线。其他四个棱面均为铅垂面，其水平投影均积聚为直线，正面投影和侧面投影均为类似形。

正棱柱的投影特征：当棱柱的底面平行某一个投影面时，则棱柱在该投影面上投影的外轮廓为与其底面全等的正多边形，而另外两个投影则由若干个相邻的矩形线框所组成。

（2）棱柱表面上点的投影　平面立体表面上取点实际就是在平面上取点。首先应确定点位于立体的哪个平面上，并分析该平面的投影特性，然后再根据点的投影规律求得。因为正棱柱的各个面均为特殊位置面，均具有积聚性。可利用此特性求出其他投影。

如图 2-42（b）所示，已知棱柱表面上点 $M$ 的正面投影 $m'$，求作它的其他两面投影 $m$、$m''$。因为 $m'$ 可见，所以点 $M$ 必在面 $ABCD$ 上。此棱面是铅垂面，其水平投影积聚成一条直线，故点 $M$ 的水平投影 $m$ 必在此直线上，再根据 $m$、$m'$ 可求出 $m''$。由于 $ABCD$ 的侧面投影为可见，故 $m''$ 也为可见。

棱柱处于不同位置，其三视图也不相同，在识图的过程中，应多看、画几何体的三视图，熟记其形体特征，如图 2-43 为常见不同位置的棱柱体及其三视图。

图 2-43　不同位置的棱柱体及其三视图

棱柱体的形体特征：棱柱体都由两个平行且相等的多边形底面和若干个与其相垂直的矩形侧面组成，其三视图的特征为：一个视图为多边形，其他两个视图的外形轮廓均为矩形线框。

画棱柱体的三视图时，应先画出多边形，然后再画其他另外两面的投影，最后再将两底面对应顶点的同面投影用直线连接起来。

2. 棱锥

（1）棱锥的投影　以正三棱锥为例。如图 2-44（a）所示为一正三棱锥，它的表面由一个底面（正三边形）和三个侧棱面（等腰三角形）围成，设将其放置成底面与水平投影面平

(a) 立体图      (b) 投影图

图 2-44 正三棱锥的投影及表面上的点

行，并有一个棱面垂直于侧投影面。

由于锥底面△ABC为水平面，所以它的水平投影反映实形，正面投影和侧面投影分别积聚为直线段 $a'b'c'$ 和 $a''(c'')b''$。棱面△SAC为侧垂面，它的侧面投影积聚为一段斜线 $s''a''$ $(c'')$，正面投影和水平投影为类似形△$s'a'c'$ 和△sac，前者为不可见，后者可见。棱面△SAB 和△SBC 均为一般位置平面，它们的三面投影均为类似形。

棱线 SB 为侧平线，棱线 SA、SC 为一般位置直线，棱线 AC 为侧垂线，棱线 AB、BC 为水平线。

正棱锥的投影特征：当棱锥的底面平行某一个投影面时，则棱锥在该投影面上投影的外轮廓为与其底面全等的正多边形，而另外两个投影则由若干个相邻的三角形线框所组成。

（2）棱锥表面上点的投影　首先确定点位于棱锥的哪个平面上，再分析该平面的投影特性。若该平面为特殊位置平面，可利用投影的积聚性直接求得点的投影；若该平面为一般位置平面，可通过辅助线法求得。

如图 2-44（b）所示，已知正三棱锥表面上点 M 的正面投影 $m'$ 和点 N 的水平面投影 n，求作 M、N 两点的其余投影。

因为 $m'$ 可见，因此点 M 必定在△SAB 上。△SAB 是一般位置平面，采用辅助线法，过点 M 及锥顶点 S 作一条直线 SK，与底边 AB 交于点 K。图 2-44 中即过 $m'$ 作 $s'k'$，再作出其水平投影 sk。由于点 M 属于直线 SK，根据点在直线上的从属性质可知 m 必在 sk 上，求出水平投影 m，再根据 m、$m'$ 可求出 $m''$。

因为点 N 不可见，故点 N 必定在棱面△SAC 上。棱面△SAC 为侧垂面，它的侧面投影积聚为直线段 $s''a''(c'')$，因此 $n''$ 必在 $s''a''(c'')$ 上，由 n、$n''$ 即可求出 $n'$。

如图 2-45 为常见的正棱锥体及三视图。由图中可看出，正棱锥的形体特征：正棱锥体是由一个正多边形底面和若干个具有公共顶点的等腰三角形侧面构成，且锥顶位于过底面中心的垂直线上。三视图的特征是：一个视图的外形轮廓为正多边形，其他两视图的危险轮廓均为三角形线框构成。

棱锥体被平行于底面的平面截去上部，所剩部分叫棱锥台，简称棱台，如图 2-46 所示，

(a) 正三棱锥　　(b) 正四棱锥　　(c) 正五棱锥　　(d) 正六棱锥

图 2-45　棱锥体及其三视图

(a) 正三棱台　　(b) 正四棱台　　(c) 正五棱台　　(d) 正六棱台

图 2-46　棱锥台及其三视图

其三视图特征为：一个视图的内、外形轮廓为两个相似的正多边形，其他两视图的外形轮廓均为梯形线框。

## 二、曲面立体的投影及表面取点

曲面立体的曲面是由一条母线（直线或曲线）绕定轴回转而形成的。在投影图上表示曲面立体就是把围成立体的回转面或平面与回转面表示出来。

1. 圆柱

圆柱表面由圆柱面和两底面所围成。圆柱面可看作一条直母线 $AB$ 围绕与它平行的轴线 $OO$ 回转而成。圆柱面上任意一条平行于轴线的直线，称为圆柱面的素线。如图 2-47（a）所示。

（1）圆柱的投影　画图时，一般常使它的轴线垂直于某个投影面。

如图 2-48（a）所示，圆柱的轴线垂直于水平面，圆柱面上所有素线都是铅垂线，因此圆柱面的水平面投影积聚成为一个圆。圆柱上、下两个底面的水平面投影反映实形并与该圆重合。两条相互垂直的点线，表示确定圆心的对称中心线。圆柱面的正面投影是一个矩形，是圆柱面前半部与后半部的重合投影，其左右两边分别是圆柱最左、最右素线的投影。上、下两边分别为上下两底面的积聚性投影，最左、最右两条素线是圆柱面由前向后的转向线，是正面投影中可见的前半圆柱面和不可见的后半圆柱面的分界线，也称为正面投影的转向轮廓素线。同理，可对水平投影中的矩形进行类似的分析。

圆柱的投影特征：当圆柱的轴线垂直某一个投影面时，必有一个投影为圆形，另外两个投影为全等的矩形。

（2）圆柱面上点的投影　如图 2-48（b）所示，已知圆柱面上点 $M$ 的正面投影 $m'$，求

(a) 圆柱面的形成

(b) 圆柱体的投射情况

(c) 圆柱体的三视图

图 2-47　圆柱体及其三视图

(a) 立体图

(b) 投影图

图 2-48　圆柱的投影及表面上的点

作点 $M$ 的其余两个投影。

因为圆柱面的投影具有积聚性，圆柱面上点的侧面投影一定重影在圆周上。又因为 $m'$

可见，所以点 $M$ 必在前半圆柱面的上边，由 $m'$ 求得 $m''$，再由 $m'$ 和 $m''$ 求得 $m$。

2. 圆锥

圆锥表面由圆锥面和底面所围成。圆锥面可看作是一条直母线 $SA$ 围绕与它平行的轴线回转而成。在圆锥面上通过锥顶的任一直线称为圆锥面的素线。如图 2-49（a）所示。

图 2-49　圆锥体及其三视图

图 2-49（b）所示为圆锥体的投影情况，图 2-49（c）为该圆锥体的三视图。

（1）圆锥的投影　画圆锥面的投影时，也常使它的轴线垂直于某一投影面。

如图 2-50（a）所示圆锥的轴线是铅垂线，底面是水平面，图 2-50（b）是它的投影图。圆锥的水平投影为一个圆，反映底面的实形，同时也表示圆锥面的投影。圆锥的正面、侧面投影均为等腰三角形，其底边均为圆锥底面的积聚投影。正面投影中三角形的两腰 $s'a'$、$s'c'$ 分别表示圆锥面最左、最右轮廓素线 $SA$、$SC$ 的投影，它们是圆锥面正面投影可见与不可见的分界线。$SA$、$SC$ 的水平投影 $sa$、$sc$ 和横向中心线重合，侧面投影 $s''a''(c'')$ 与轴线重合。同理可对侧面投影中三角形的两腰进行类似的分析。

总结圆锥的投影特征：当圆锥的轴线垂直某一个投影面时，则圆锥在该投影面上投影为与其底面全等的圆形，另外两个投影为全等的等腰三角形。

（2）圆锥面上点的投影　如图 2-51、图 2-52 所示，已知圆锥表面上 $M$ 的正面投影 $m'$，求作点 $M$ 的其余两个投影。因为 $m'$ 可见，所以 $M$ 必在前半个圆锥面的左边，故可判定点 $M$ 的另两面投影均为可见。作图方法有两种。

作法一：辅助线法　如图 2-51（a）所示，过锥顶 $S$ 和 $M$ 作一直线 $SA$，与底面交于点

(a) 立体图　　　　　　　　(b) 投影图

图 2-50　圆锥的投影

(a) 立体图　　　　　　　　(b) 投影图

图 2-51　用辅助线法在圆锥面上取点

$A$。点 $M$ 的各个投影必在此 $SA$ 的相应投影上。在图 2-51（b）中过 $m'$ 作 $s'a'$，然后求出其水平投影 $sa$。由于点 $M$ 属于直线 $SA$，根据点在直线上的从属性质可知 $m$ 必在 $sa$ 上，求出水平投影 $m$，再根据 $m$、$m'$ 可求出 $m''$。

　　作法二：辅助圆法　　如图 2-52（a）所示，过圆锥面上点 $M$ 作一垂直于圆锥轴线的辅助圆，点 $M$ 的各个投影必在此辅助圆的相应投影上。在图 2-52（b）中过 $m'$ 作水平线 $a'b'$，此为辅助圆的正面投影积聚线。辅助圆的水平投影为一直径等于 $a'b'$ 的圆，圆心为 $s$，由 $m'$ 向下引垂线与此圆相交，且根据点 $M$ 的可见性，即可求出 $m$。然后再由 $m'$ 和 $m$ 可求出 $m''$。

　　圆锥体被平行于其底面的平面截去其上部，所剩的部分叫圆锥台，简称圆台。如图2-53所示。其三视图的特征是：一个视图为两个同心圆，其他两视图均为相等的等腰梯形。

(a) 立体图

(b) 投影图

图 2-52　用辅助圆法在圆锥面上取点

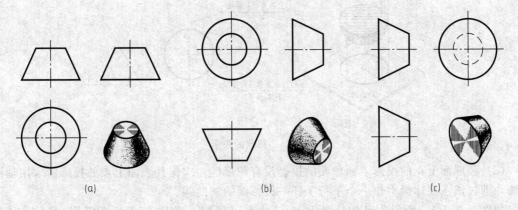

图 2-53　圆台及三视图

## 3．圆球

圆球的表面是球面，圆球面可看作是一条圆母线绕通过其圆心的轴线回转而成。如图 2-54（a）所示。

（1）圆球的投影　如图 2-54（b）所示为圆球的投影情况。如图 2-54（c）所示为圆球的三视图。圆球在三个投影面上的投影都是直径相等的圆，但这三个圆分别表示三个不同方向的圆球面轮廓素线的投影。正面投影的圆是平行于 $V$ 面的圆素线 $A$（它是前面可见半球与后面不可见半球的分界线）的投影。与此类似，侧面投影的圆是平行于 $W$ 面的圆素线 $C$ 的投影；水平投影的圆是平行于 $H$ 面的圆素线 $B$ 的投影。这三条圆素线的其他两面投影，都与相应圆的中心线重合，不应画出。

（a）球面的形成

（b）球的投射情况　　　　　（c）球的三视图

图 2-54　圆球的投影

（2）圆球面上点的投影　圆球面的投影没有积聚性，求作其表面上点的投影需采用辅助圆法，即过该点在球面上作一个平行于任一投影面的辅助圆。

如图 2-55（a）所示，已知球面上点 $M$ 的水平投影，求作其余两个投影。过点 $M$ 作一平行于正面的辅助圆，它的水平投影为过 $m$ 的直线 $ef$，正面投影为直径等于 $ef$ 长度的圆。自 $m$ 向上引垂线，在正面投影上与辅助圆相交于两点。又由于 $m$ 可见，故点 $M$ 必在上半个圆周上，据此可确定位置偏上的点即为 $m'$，再由 $m$、$m'$ 可求出 $m''$。如图 2-55（b）所示。

图 2-55　圆球面上点的投影

### 4. 圆环

如图 2-56 所示，圆环面可看成一圆母线绕一条与圆平面共面但不通过圆心的轴线回转而成。圆环的三视图的特征是：一个视图为两同心圆，其他两个视图的外轮廓均为长圆形。主视图中的两个小圆，分别是平行于 $V$ 面得最左、最右圆素线的投影，也是圆环前、后表面的分界线。圆的上、下两条公切线，分别是圆环最高和最低圆的投影。左视图和它类似。

图 2-56　圆环面的形成及其视图

## 三、基本体的尺寸标注

### 1. 平面立体的尺寸标注

平面立体一般标注长、宽、高三个方向的尺寸，如图 2-57 所示。其中正方形的尺寸可采用如图 2-57（f）所示的形式注出，即在边长尺寸数字前加注"□"符号。图 2-57（d）、（g）中加"（）"的尺寸称为参考尺寸。

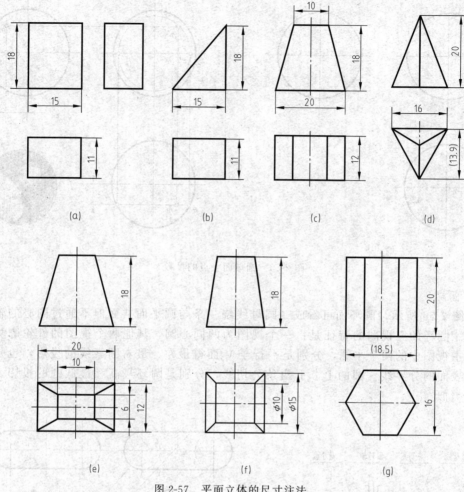

图 2-57　平面立体的尺寸注法

2. 曲面立体的尺寸标注

圆柱和圆锥应注出底圆直径和高度尺寸,圆锥台还应加注顶圆的直径。直径尺寸应在其数字前加注符号"$\phi$",一般注在非圆视图上。这种标注形式用一个视图就能确定其形状和大小,其他视图就可省略,如图 2-58(a)、(b)、(c)所示。

标注圆球的直径和半径时,应分别在"$\phi$、$R$"前加注符号"$S$",如图 2-58(d)、(e)所示。

图 2-58　曲面立体的尺寸注法

## 第五节　立体的表面交线

前面所讲的基本几何体的投影及表面求点，而在实际应用中，机器中的零件，往往不是基本几何体，而是基本几何体经过不同方式的截割或组合而成的。

### 一、截交线

1. 截交线的概念

平面与立体表面相交，可以认为是立体被平面截切，此平面通常称为截平面，截平面与立体表面的交线称为截交线。图 2-59 为平面与立体表面相交示例。

2. 截交线的性质

（1）截交线一定是一个封闭的平面图形。

（2）截交线既在截平面上，又在立体表面上，截交线是截平面和立体表面的共有线。截交线上的点都是截平面与立体表面上的共有点。

图 2-59　平面与立体表面相交

因为截交线是截平面与立体表面的共有线，所以求作截交线的实质，就是求出截平面与立体表面的共有点。

3. 平面与平面立体相交

平面立体的表面是平面图形，因此平面与平面立体的截交线为封闭的平面多边形。多边形的各个顶点是截平面与立体的棱线或底边的交点，多边形的各条边是截平面与平面立体表面的交线。

如图 2-60（a）所示，求作正垂面 $P$ 斜切正四棱锥的截交线。

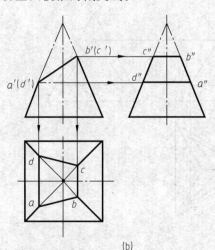

(a)　　　　　　　　　　　　　(b)

图 2-60　四棱锥的截交线

分析：截平面与棱锥的四条棱线相交，可判定截交线是四边形，其四个顶点分别是四条棱线与截平面的交点。因此，只要求出截交线的四个顶点在各投影面上的投影，然后依次连接顶点的同名投影，即得截交线得投影。如图 2-60（b）所示。

当用两个以上平面截切平面立体时，在立体上会出现切口、凹槽或穿孔等。作图时，只要作出各个截平面与平面立体的截交线，并画出各截平面之间得交线，就可作出这些平面立体的投影。

如图 2-61（a）所示，一带切口的正三棱锥，已知它的正面投影，求其另两面投影。

分析：该正三棱锥的切口是由两个相交的截平面切割而形成。两个截平面一个是水平面，一个是正垂面，它们都垂直于正面，因此切口的正面投影具有积聚性。水平截面与三棱锥的底面平行，因此它与棱面△SAB 和△SAC 的交线 DE、DF 必分别平行与底边 AB 和 AC，水平截面的侧面投影积聚成一条直线。正垂截面分别与棱面△SAB 和△SAC 交于直线 GE、GF。由于两个截平面都垂直于正面，所以两截平面的交线一定是正垂线，作出以上交线的投影即可得出所求投影。

作图步骤如图 2-61（b）、（c）、（d）所示。

图 2-61　带切口正三棱锥的投影

平面与曲面立体相交产生的截交线一般是封闭的平面曲线，也可能是由曲线与直线围成的平面图形，其形状取决于截平面与曲面立体的相对位置。

曲面立体的截交线，就是求截平面与曲面立体表面的共有点的投影，然后把各点的同名投影依次光滑连接起来。

当截平面或曲面立体的表面垂直于某一投影面时，则截交线在该投影面上的投影具有积聚性，可直接利用面上取点的方法作图。

4．圆柱的截交线

平面截切圆柱时，根据截平面与圆柱轴线的相对位置不同，其截交线有三种不同的形状见表2-5。

表2-5 截平面和圆柱轴线的相对位置不同所得的三种截交线

| 截平面的位置 | 与轴线平行时 | 与轴线垂直时 | 与轴线倾斜时 |
|---|---|---|---|
| 轴测图 |  | | |
| 投影图 | | | |
| 截交线的形状 | 矩形 | 圆 | 椭圆 |

如图2-62（a）所示，求圆柱被正垂面截切后的截交线。

(a)                    (b)

图 2-62

(c)　　　　　　　　　　　　　　(d)

图 2-62　圆柱的截交线

　　分析：截平面与圆柱的轴线倾斜，故截交线为椭圆。此椭圆的正面投影积聚为一直线。由于圆柱面的水平投影积聚为圆，而椭圆位于圆柱面上，故椭圆的水平投影与圆柱面水平投影重合。椭圆的侧面投影是它的类似形，仍为椭圆。可根据投影规律由正面投影和水平投影求出侧面投影。

　　作图步骤如图 2-62（b）、（c）、（d）所示。

　　如图 2-63（a）所示，完成被截切圆柱的正面投影和水平投影。

(a)

(b)　　　　　　　　　　　　　　(c)

图 2-63　补全带切口圆柱的投影

分析：该圆柱左端的开槽是由两个平行于圆柱轴线的对称的正平面和一个垂直于轴线的侧平面切割而成。圆柱右端的切口是由两个平行于圆柱轴线的水平面和两个侧平面切割而成。

作图步骤如图 2-63（b）～（e）所示。

5. 圆锥的截交线

平面截切圆锥时，根据截平面与圆锥轴线的相对位置不同，其截交线有五种不同的情况，见表 2-6。

表 2-6　圆锥体的截交线

| 截平面的位置 | 与轴线垂直 | 过圆锥顶点 | 平行于任一素线 | 与轴线倾斜 | 与轴线平行 |
|---|---|---|---|---|---|
| 轴测图 | | | | | |
| 投影图 | | | | | |
| 截交线的形状 | 圆 | 等腰三角形 | 封闭的抛物线[①] | 椭圆 | 封闭的双曲线[①] |

如图 2-64（a）所示，求作被正平面截切的圆锥的截交线。

分析：因截平面为正平面，与轴线平行，故截交线为双曲线。截交线的水平投影和侧面投影都积聚为直线，只需求出正面投影。

作图步骤如图 2-64（b）所示。

(a) 立体图　　　　　　　(b) 三视图

图 2-64　正平面截切圆锥的截交线

### 6. 圆球的截交线

平面在任何位置截切圆球的截交线都是圆。当截平面平行于某一投影面时，截交线在该投影面上的投影为圆的实形，在其他两面上的投影都积聚为直线。如图 2-65 所示。

(a) 立体图　　　　　　　(b) 三视图

图 2-65　圆球的截交线

如图 2-66（a）所示，完成开槽半圆球的截交线。

分析：球表面的凹槽由两个侧平面和一个水平面切割而成，两个侧平面和球的交线为两段平行于侧面的圆弧，水平面与球的交线为前后两段水平圆弧，截平面之间的交线为正垂线。

作图步骤如图 2-66（b）所示。

### 7. 综合题例

实际机件常由几个回转体组合而成。求组合回转体的截交线时，首先要分析构成机件的各基本体与截平面的相对位置、截交线的形状、投影特性，然后逐个画出各基本体的截交线，再按它们之间的相互关系连接起来。

图 2-66 开槽圆球的截交线

如图 2-67（a）所示，求作顶尖头的截交线。

分析：顶尖头部是由同轴的圆锥与圆柱组合而成。它的上部被两个相互垂直的截平面 $P$ 和 $Q$ 切去一部分，在它的表面上共出现三组截交线和一条 $P$ 与 $Q$ 的交线。截平面 $P$ 平行于轴线，所以它与圆锥面的交线为双曲线，与圆柱面的交线为两条平行直线。截平面 $Q$ 与圆柱斜交，它截切圆柱的截交线是一段椭圆弧。三组截交线的侧面投影分别积聚在截平面 $P$ 和圆柱面的投影上，正面投影分别积聚在 $P$、$Q$ 两面的投影（直线）上，因此只需求作三组截交线的水平投影。

图 2-67

图 2-67　顶尖头的截交线

作图步骤如图 2-67（b）、（c）、（d）所示。

## 二、相贯线

### 1. 相贯线的概念

两个基本体相交（或称相贯），表面产生的交线称为相贯线。如图 2-68 所示。本节只讨论最为常见的两个曲面立体相交的问题。

图 2-68　相贯线

### 2. 相贯线的性质

（1）相贯线是两个曲面立体表面的共有线，也是两个曲面立体表面的分界线。相贯线上的点是两个曲面立体表面的共有点。

（2）两个曲面立体的相贯线一般为封闭的空间曲线，特殊情况下可能是平面曲线或直线。

求两个曲面立体相贯线的实质就是求它们表面的共有点。作图时，依次求出特殊点和一般点，判别其可见性，然后将各点光滑连接起来，即得相贯线。

### 3. 相贯线的画法

两个相交的曲面立体中，如果其中一个是柱面立体（常见的是圆柱面），且其轴线垂直于某投影面时，相贯线在该投影面上的投影一定积聚在柱面投影上，相贯线的其余投影可用表面取点法求出。

如图 2-69（a）所示，求正交两圆柱体的相贯线。

分析：两圆柱体的轴线正交，且分别垂直于水平面和侧面。相贯线在水平面上的投影积聚在小圆柱水平投影的圆周上，在侧面上的投影积聚在大圆柱侧面投影的圆周上，故只需求作相贯线的正面投影。

作图方法如图 2-69（b）所示。

图 2-69　正交两圆柱的相贯线

**4. 相贯线的近似画法**

相贯线的作图步骤较多，如对相贯线的准确性无特殊要求，当两圆柱垂直正交且直径有相差时，可采用圆弧代替相贯线的近似画法。如图 2-70 所示，垂直正交两圆柱的相贯线可用大圆柱的 $D/2$ 为半径作圆弧来代替。

图 2-70　相贯线的近似画法

**5. 两圆柱正交的类型**

两圆柱正交有三种情况：两外圆柱面相交；外圆柱面与内圆柱面相交；两内圆柱面相交。这三种情况的相交形式虽然不同，但相贯线的性质和形状一样，求法也是一样的。如图 2-71 所示。

**6. 相贯线的特殊情况**

两曲面立体相交，其相贯线一般为空间曲线，但在特殊情况下也可能是平面曲线或直线。

(a)两外圆柱面相交                                   (b)外圆柱面与内圆柱面相交

(c)两内圆柱面相交

图 2-71　两正交圆柱相交的三种情况

（1）两个曲面立体具有公共轴线时，相贯线为与轴线垂直的圆，如图 2-72 所示。

(a)圆柱与圆锥　　　　　　(b)圆柱与圆球　　　　　　(c)圆锥与圆球

图 2-72　两个同轴回转体的相贯线

76

（2）当正交的两圆柱直径相等时，相贯线为大小相等的两个椭圆（投影为通过两轴线交点的直线），如图2-73所示。

（3）当相交的两圆柱轴线平行时，相贯线为两条平行于轴线的直线，如图2-74所示。

图2-73 正交两圆柱直径相等时的相贯线

图2-74 相交两圆柱轴线平行时的相贯线

# 第六节 轴 测 图

多面正投影图能完整、准确地反映物体的形状和大小，且度量性好、作图简单，但立体感不强，只有具备一定读图能力的人才能看懂。

有时工程上还需采用一种立体感较强的图来表达物体，即轴测图。轴测图是用轴测投影的方法画出来的富有立体感的图形，它接近人们的视觉习惯，但不能确切地反映物体真实的形状和大小，并且作图较正投影复杂，因而在生产中它作为辅助图样，用来帮助人们读懂正投影图。如图2-75所示。

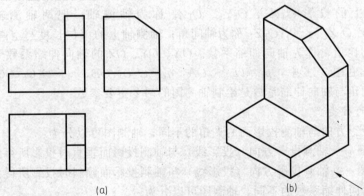

(a)                    (b)

图2-75 三视图与轴测图

在制图教学中，轴测图也是发展空间构思能力的手段之一，通过画轴测图可以帮助想象物体的形状，培养空间想象能力。

## 一、轴测图的基本知识

### 1. 轴测图的形成

将空间物体连同确定其位置的直角坐标系，沿不平行于任一坐标平面的方向，用平行投影法投射在某一选定的单一投影面上所得到的具有立体感的图形，称为轴测投影图，简称轴测图，如图 2-76 所示。

图 2-76　轴测图的形成

在轴测投影中，把选定的投影面 $P$ 称为轴测投影面；把空间直角坐标轴 $OX$、$OY$、$OZ$ 在轴测投影面上的投影 $O_1X_1$、$O_1Y_1$、$O_1Z_1$ 称为轴测轴；把两轴测轴之间的夹角 $\angle X_1O_1Y_1$、$\angle Y_1O_1Z_1$、$\angle X_1O_1Z_1$ 称为轴间角；轴测轴上的单位长度与空间直角坐标轴上对应单位长度的比值，称为轴向伸缩系数。$OX$、$OY$、$OZ$ 的轴向伸缩系数分别用 $p_1$、$q_1$、$r_1$ 表示。例如，在图 2-76 中，$p_1 = O_1A_1/OA$，$q_1 = O_1B_1/OB$，$r_1 = O_1C_1/OC$。

注意：轴间角与轴向伸缩系数是绘制轴测图的两个主要参数。

2. 轴测图的种类

（1）按照投影方向与轴测投影面的夹角的不同，轴测图可以分为：

① 正轴测图——轴测投影方向（投影线）与轴测投影面垂直时投影所得到的轴测图。

② 斜轴测图——轴测投影方向（投影线）与轴测投影面倾斜时投影所得到的轴测图。

（2）按照轴向伸缩系数的不同，轴测图可以分为：

① 正（或斜）等测轴测图——$p_1 = q_1 = r_1$，简称正（斜）等测图；

② 正（或斜）二等测轴测图——$p_1 = r_1 \neq q_1$，简称正（斜）二测图；

③ 正（或斜）三等测轴测图——$p_1 \neq q_1 \neq r_1$，简称正（斜）三测图。

本节只介绍工程上常用的正等测图和斜二测图的画法。

3. 轴测图的基本性质

（1）物体上互相平行的线段，在轴测图中仍互相平行；物体上平行于坐标轴的线段，在轴测图中仍平行于相应的轴测轴，且同一轴向所有线段的轴向伸缩系数相同。

（2）物体上不平行于坐标轴的线段，可以用坐标法确定其两个端点然后连线画出。

（3）物体上不平行于轴测投影面的平面图形，在轴测图中变成原形的类似形。如长方形的轴测投影为平行四边形，圆形的轴测投影为椭圆等。

## 二、正等测图

### 1. 正等测图的形成及参数

（1）形成方法　如图 2-77（a）所示，如果使三条坐标轴 $OX$、$OY$、$OZ$ 对轴测投影面处于倾角都相等的位置，把物体向轴测投影面投影，这样所得到的轴测投影就是正等测轴测图，简称正等测图。

图 2-77　正等测轴测图的形成及参数

（2）参数　图 2-77（b）表示了正等测图的轴测轴、轴间角和轴向伸缩系数等参数及画法。从图中可以看出，正等测图的轴间角均为 120°，且三个轴向伸缩系数相等。经推证并计算可知 $p_1 = q_1 = r_1 = 0.82$。为作图简便，实际画正等测图时采用 $p_1 = q_1 = r_1 = 1$ 的简化伸缩系数画图，即沿各轴向的所有尺寸都按物体的实际长度画图。但按简化伸缩系数画出的图形比实际物体放大了 $1/0.82 \approx 1.22$ 倍。

### 2. 平面立体正轴测图的画法

（1）长方体的正等测图

分析：根据长方体的特点，选择其中一个角顶点作为空间直角坐标系原点，并以过该角顶点的三条棱线为坐标轴。先画出轴测轴，然后用各顶点的坐标分别定出长方体的八个顶点的轴测投影，依次连接各顶点即可。

作图方法与步骤如图 2-78 所示。

（2）正六棱柱体的正等测图

分析：由于正六棱柱前后、左右对称，为了减少不必要的作图线，从顶面开始作图比较方便。故选择顶面的中点作为空间直角坐标系原点，棱柱的轴线作为 $OZ$ 轴，顶面的两条对称线作为 $OX$、$OY$ 轴。然后用各顶点的坐标分别定出正六棱柱的各个顶点的轴测投影，依次连接各顶点即可。

作图方法与步骤如图 2-79 所示。

图 2-78　长方体的正等测图

图 2-79　正六棱柱体的正等测图

（3）三棱锥的正等测图

分析：由于三棱锥由各种位置的平面组成，作图时可以先锥顶和底面的轴测投影，然后连接各棱线即可。作图方法与步骤如图 2-80 所示。

图 2-80　三棱锥的正等测图

（4）正等测图的作图方法总结

从上述三例的作图过程中，可以总结出以下两点：

① 画平面立体的轴测图时，首先应选好坐标轴并画出轴测轴；然后根据坐标确定各顶点的位置；最后依次连线，完成整体的轴测图。具体画图时，应分析平面立体的形体特征，一般总是先画出物体上一个主要表面的轴测图。通常是先画顶面，再画底面；有时需要先画前面，再画后面，或者先画左面，再画右面。

② 为使图形清晰，轴测图中一般只画可见的轮廓线，避免用虚线表达。

## 三、圆的正轴测图的画法

### 1. 平行于不同坐标面的圆的正等测图

平行于坐标面的圆的正等测图都是椭圆，除了长短轴的方向不同外，画法都是一样的。图 2-81 所示为三种不同位置的圆的正等测图。

作圆的正等测图时，必须弄清椭圆的长短轴的方向。分析图 2-81 所示的图形（图中的菱形为与圆外切的正方形的轴测投影）即可看出，椭圆长轴的方向与菱形的长对角线重合，椭圆短轴的方向垂直于椭圆的长轴，即与菱形的短对角线重合。

图 2-81　平行坐标面上圆的正等测

通过分析，还可以看出，椭圆的长短轴和轴测轴有关，即：

（1）圆所在平面平行 $XOY$ 面时，它的轴测投影——椭圆的长轴垂直 $O_1Z_1$ 轴，即成水平位置，短轴平行 $O_1Z_1$ 轴；

（2）圆所在平面平行 $XOZ$ 面时，它的轴测投影——椭圆的长轴垂直 $O_1Y_1$ 轴，即向右方倾斜，并与水平线成 $60°$ 角，短轴平行 $O_1Y_1$ 轴；

（3）圆所在平面平行 $YOZ$ 面时，它的轴测投影——椭圆的长轴垂直 $O_1X_1$ 轴，即向左方倾斜，并与水平线成 $60°$ 角，短轴平行 $O_1X_1$ 轴。

概括起来就是：平行坐标面的圆（视图上的圆）的正等测投影是椭圆，椭圆长轴垂直于不包括圆所在坐标面的那根轴测轴，椭圆短轴平行于该轴测轴。

### 2. 用"四心法"作圆的正等测图

"四心法"画椭圆就是用四段圆弧代替椭圆。下面以平行于 $H$ 面（即 $XOY$ 坐标面）的圆为例，说明圆的正等测图的画法。其作图方法与步骤如图 2-82 所示。

（1）画出轴测轴，按圆的外切的正方形画出菱形。[图 2-82（a）]

图 2-82　用四心法作圆的正等测图

（2）以 $A$、$B$ 为圆心，$AC$ 为半径画两大弧。[图 2-82（b）]

（3）连 $AC$ 和 $AD$ 分别交长轴于 $M$、$N$ 两点。[图 2-82（c）]

（4）以 $M$、$N$ 为圆心，$MD$ 为半径画两小弧；在 $C$、$D$、$E$、$F$ 处与大弧连接。[图 2-82（d）]

平行于 $V$ 面（即 $XOZ$ 坐标面）的圆、平行于 $W$ 面（即 $YOZ$ 坐标面）的圆的正等测图的画法都与上面类似。

## 四、曲面立体正轴测图的画法

**1. 圆柱和圆台的正等测图**

如图 2-83 所示，作图时，先分别作出其顶面和底面的椭圆，再作其公切线即可。

(a) 圆柱　　　　　　　　　(b) 圆台

图 2-83　圆柱和圆台的正等测图

**2. 圆角的正等测图**

圆角相当于四分之一的圆周，因此，圆角的正等测图，正好是近似椭圆的四段圆弧中的一段。作图时，可简化成如图 2-84 所示的画法。

图 2-84　圆角的正等测图

注意：在画曲面立体的正等测图时，一定要明确圆所在平面与那一个坐标面平行，才能确保画出的椭圆正确。画同轴并且相等的椭圆时，要善于应用移心法以简化作图和保持图面的清晰。

## 五、斜二测图的形成和参数

**1. 斜二测图的形成**

如图 2-85（a）所示，如果使物体的 $XOZ$ 坐标面对轴测投影面处于平行的位置，采用平行斜投影法也能得到具有立体感的轴测图，这样所得到的轴测投影就是斜二等测轴测图，简称斜二测图。

图 2-85　斜二测图的形成及参数（一）

### 2. 斜二测图的参数

图 2-85（b）表示斜二测图的轴测轴、轴间角和轴向伸缩系数等参数及画法。从图中可以看出，在斜二测图中，$O_1X_1 \perp O_1Z_1$ 轴，$O_1Y_1$ 与 $O_1X_1$、$O_1Z_1$ 的夹角均为 135°，三个轴向伸缩系数分别为 $p_1 = r_1 = 1$，$q_1 = 0.5$。

### 3. 斜二测图的画法

斜二测图的画法与正等测图的画法基本相似，区别在于轴间角不同以及斜二测图沿 $O_1Y_1$ 轴的尺寸只取实长的一半。在斜二测图中，物体上平行于 $XOZ$ 坐标面的直线和平面图形均反映实长和实形，所以，当物体上有较多的圆或曲线平行于 $XOZ$ 坐标面时，采用斜二测图比较方便。

（1）四棱台的斜二测图　作图方法与步骤如图 2-86 所示。

图 2-86　斜二测图的形成及参数（二）

（2）圆台的斜二测图　作图方法与步骤如图 2-87 所示。

图 2-87　正四棱台的斜二测图

只有平行于 $XOZ$ 坐标面的圆的斜二测投影才反映实形，仍然是圆。而平行于 $XOY$ 坐标面和平行于 $YOZ$ 坐标面的圆的斜二测投影都是椭圆。

4．正等轴测图和斜二测图的优缺点

（1）在斜二测图中，由于平行于 $XOZ$ 坐标面的平面的轴测投影反映实形，因此，当立体的正面形状复杂，具有较多的圆或圆弧，而在其他平面上图形较简单时，采用斜二测图比较方便。

（2）正等轴测图最为常用。优点：直观、形象，立体感强。缺点：椭圆作图复杂。

## 六、简单体的轴测图

画简单体的轴测图时，首先要进行形体分析，弄清形体的组合方式及结构特点，然后考虑表达的清晰性，从而确定画图的顺序，综合运用坐标法、切割法、叠加法等画出简单体的轴测图。

求作如图 2-88（a）切割体的正等测图。

分析：该切割体由一长方体切割而成。画图时应先画出长方体的正等测图，再用切割法逐个画出各切割部分的正等测图，即可完成。具体作图方法和步骤如图 2-88 所示。

图 2-88　切割体的正等测图

求作如图 2-89（a）支座的正等测图。

分析：支座由带圆角的底板、带圆弧的竖板和圆柱凸台组成。画图时应按照叠加的方法，逐个画出各部分形体的正等测图，即可完成。具体作图方法和步骤如图 2-89 所示。

求作如图 2-90（a）相交两圆柱的正等测图。

图 2-89 支座的正等测图

图 2-90 相交圆柱的正等测图

分析：画两相交圆柱体的正等测图，除了应注意各圆柱的圆所处的坐标面，掌握正等测图中椭圆的长短轴方向外，还要注意轴测图中相贯线的画法。作图时可以运用辅助平面法，即用若干辅助截平面来切这两个圆柱，使每个平面与两圆柱相交于素线或圆周，则这些素线或圆周彼此相应的交点，就是所求相贯线上各点的轴测投影。如图 2-90（d）中，是以平行于 $X_1O_1Z_1$ 面的正平面 $R$ 截切两圆柱，分别获得截交线 $A_1B_1$、$C_1D_1$、$E_1F_1$，其交点 Ⅳ、Ⅴ 即为相贯线上的点。再作适当数量的截平面，即可求得一系列交点。具体作图方法和步骤如图 2-90 所示。

求作如图 2-91（a）端盖的轴测图。

图 2-91　圆盘的斜二测图

分析：端盖的形状特点是在一个方向的相互平行的平面上有圆。如果画成正等测图，则由于椭圆数量过多而显得烦琐，可以考虑画成斜二测图，作图时选择各圆的平面平行于坐标面 $XOZ$，即端盖的轴线与 $Y$ 轴重合，具体作图方法和步骤如图 2-91 所示。

## 小　结

1. 正投影法是投影线与投影面相倾斜的平行投影法，其具有真实性、集聚性、相似性，能准确的表达物体的形状、大小。

2. 在三投影面体系中，三个投影面分别为：正立投影面，用 $V$ 表示；水平投影面，用 $H$ 表示；侧立投影面，用 $W$ 表示。

3. 主视图：从前往后进行投影，在正立投影面（$V$ 面）上所得到的视图。

俯视图：从上往下进行投影，在水平投影面（$H$ 面）上所得到的视图。

左视图：从左往右进行投影，在侧立投影面（$W$ 面）上所得到的视图。

4. 主、俯视图"长对正"；主、左视图"高平齐"；俯、左视图"宽相等"。

5. 投影面平行线：平行于一个投影面且同时倾斜于另外两个投影面的直线称为投影面平行线。平行于 $V$ 面的称为正平线；平行于 $H$ 面的称为水平线；平行于 $W$ 面的称为侧平线。

6. 投影面平行线的投影特性：在直线所平行的投影面上，其投影反映实长并倾斜于投影轴，另外两个投影分别平行于相应投影轴，且小于实长。

7. 投影面垂直线：垂直于一个投影面且同时平行于另外两个投影面的直线称为投影面垂直线。垂直于 $V$ 面的称为正垂线；垂直于 $H$ 面的称为铅垂线；垂直于 $W$ 面的称为侧垂线。

8. 投影面垂直线的投影特性：在直线所垂直的投影面上，其投影集聚成一点，另外两个投影分别垂直于相应投影轴，且反映实长。

9. 一般位置直线：与三个投影面都处于倾斜位置的直线称为一般位置直线。

10. 一般位置直线的投影特征：直线的三个投影和投影轴都倾斜，各投影和投影轴所夹的角度不等于空间线段对相应投影面的倾角；任何投影都小于空间线段的实长，也不能积聚为一点。

11. 投影面垂直面：垂直于一个投影面且同时倾斜于另外两个投影面的平面称为投影面垂直面。垂直于 $V$ 面的称为正垂面；垂直于 $H$ 面的称为铅垂面；垂直于 $W$ 面的称为侧垂面。

12. 投影面垂直面投影特性：在平面所垂直的投影面上，其投影积聚为一条倾斜的直线，并反映与另外两投影面的夹角角。另外两个投影均为缩小了的类似形。

13. 投影面平行面：平行于一个投影面且同时垂直于另外两个投影面的平面称为投影面平行面。平行于 $V$ 面的称为正平面；平行于 $H$ 面的称为水平面；平行于 $W$ 面的称为侧平面。

14. 投影面平行面投影特性：在平面所平行的投影面上，其投影反映实形。另外两个投影积聚为直线且分别平行于相应的投影轴。

15. 一般位置平面：与三个投影面都处于倾斜位置的平面称为一般位置平面。

16. 一般位置平面的投影特征为：一般位置平面的三面投影，既不反映实形，也无积聚性，而都为缩小了的类似形。

17. 正棱柱的投影特征：当棱柱的底面平行某一个投影面时，则棱柱在该投影面上投影的外轮廓为与其底面全等的正多边形，而另外两个投影则由若干个相邻的矩形线框所组成。

18. 正棱锥的投影特征：当棱锥的底面平行某一个投影面时，则棱锥在该投影面上投影的外轮廓为与其底面全等的正多边形，而另外两个投影则由若干个相邻的三角形线框所组成。

19. 圆柱的投影特征：当圆柱的轴线垂直某一个投影面时，必有一个投影为圆形，另外两个投影为全等的矩形。

20. 平面立体一般标注长、宽、高三个方向的尺寸。

21. 圆柱和圆锥应注出底圆直径和高度尺寸，圆锥台还应加注顶圆的直径。直径尺寸应在其数字前加注符号"$\phi$"，一般注在非圆视图上。

22. 平面与平面立体的截交线为封闭的平面多边形。多边形的各个顶点是截平面与立体的棱线或底边的交点，多边形的各条边是截平面与平面立体表面的交线。

23. 相贯线是两个曲面立体表面的共有线，也是两个曲面立体表面的分界线。相贯线上的点是两个曲面立体表面的共有点。两个曲面立体的相贯线一般为封闭的空间曲线，特殊情况下可能是平面曲线或直线。

24. 使三条坐标轴 $OX$、$OY$、$OZ$ 对轴测投影面处于倾角都相等的位置，把物体向轴测投影面投影，这样所得到的轴测投影就是正等测轴测图，简称正等测图。

25. 使物体的 $XOZ$ 坐标面对轴测投影面处于平行的位置，采用平行斜投影法也能得到具有立体感的轴测图，这样所得到的轴测投影就是斜二等测轴测图，简称斜二测图。

# 第三章
# 组合体

**主要内容：**

    1. 组合体的组合形式和表面连接关系

    2. 组合体的画法

    3. 组合体的尺寸标注方法

    4. 组合体读图的方法

**目的要求：**

    1. 了解组合体的组合形式，掌握表面连接关系

    2. 掌握用形体分析法分析组合体

    3. 掌握组合体的画法

    4. 掌握尺寸基准和尺寸种类

    5. 会完整、清晰地标注组合体的尺寸

    6. 掌握常见结构的尺寸注法

    7. 掌握形体分析法并会读懂较复杂的组合体视图

**教学重点：**

    1. 形体分析法

    2. 组合体的画法

**教学难点：**

    用形体分析法分析组合体

## 第一节　组合体的形体分析

    由两个或两个以上的基本体按一定的方式所组成类似机件的形体，称为组合体。它可以理解为是把零件进行必要的简化，将零件看作由若干个基本几何体组成。学习组合体的投影作图为零件图的绘制提供了基本的方法，即形体分析法，为学习零件图奠定重要的基础。

### 一、组合体的组合形式和表面连接关系

    1. 组合体的组合形式

    根据组合体各组成基本体相关间的组合关系，可分为以下三类。

    （1）叠加型组合体（图 3-1）。

    （2）切割型组合体（图 3-2）。

    （3）综合型组合体（图 3-3）。

图 3-1　叠加型组合体

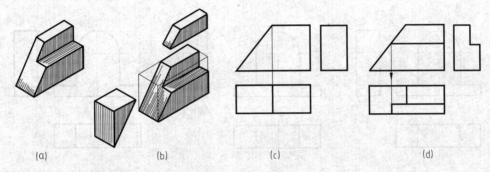

(a)　　　　　　(b)　　　　　　(c)　　　　　　(d)

图 3-2　切割型组合体

(a)　　　　　　　　　　　　　　(b)

图 3-3　综合型组合体

2. 组合体的表面连接关系

（1）平齐或不平齐　当两基本体表面平齐时，结合处不画分界线。当两基本体表面不平齐时，结合处应画出分界线。

如图 3-4（a）所示组合体，上、下两表面平齐，在主视图上不应画分界线。如图 3-4（b）所示组合体，上、下两表面不平齐，在主视图上应画出分界线。

（2）相切　当两基本体表面相切时，在相切处不画分界线。

如图 3-5（a）所示组合体，它是由底板和圆柱体组成，底板的侧面与圆柱面相切，在相切处形成光滑的过渡，因此主视图和左视图中相切处不应画线，此时应注意两个切点 $A$、$B$ 的正面投影 $a'$、$(b')$ 和侧面投影 $a''$、$(b'')$ 的位置［图 3-5（b）］。图 3-5（c）是常见的错误画法。

图 3-4　表面平齐和不平齐的画法

图 3-5　表面相切的画法

（3）相交　当两基本体表面相交时，在相交处应画出分界线。

如图 3-6（a）所示组合体，它也是由底板和圆柱体组成，但本例中底板的侧面与圆柱面是相交关系，故在主、左视图中相交处应画出交线［图 3-6（b）］。图 3-6（c）是常见的错误画法。

## 二、形体分析法

形体分析法——假想将组合体分解为若干基本体，分析各基本体的形状、组合形式和相对位置，弄清组合体的形体特征，这种分析方法称为形体分析法。

(a)轴测图　　　　　　　　　　(b)正确画法　　　　　　　　　　(c)错误画法

图 3-6　表面相交的画法

如图 3-7（a）所示的支座可分解成图 3-7（b）所示的四个部分。

(a)支座　　　　　　　　　　　　　　　(b)分解图

图 3-7　组合体的形体分析

如图 3-8（a）所示的轴承座，可以看成由两个尺寸不同的四棱柱、一个半圆柱和两个肋板 ［图 3-8（b）］叠加起来后，在切出一个大圆柱体和四个小圆柱体而成的，如图 3-8（c）所示。

(a)　　　　　　　　　　　(b)　　　　　　　　　　(c)

图 3-8　轴承座的形体分析

# 第二节　组合体的画法

## 一、形体分析

画图前，首先应对组合体进行形体分析，分析该组合体是由哪些基本体所组成的，了解它们之间的相对位置、组合形式以及表面间的连接关系及其分界线的特点。

图 3-9 中的支座由底板、立板和和肋板组成，从图中可以看出立板与底板接合，立板的半圆柱面与四棱柱前、后表面相切；立板与底板的前、后表面平齐；肋板叠加在底板的上表面上，右侧与立板相交，左侧与底板相交，通过对支座进行这样的分析，弄清它的形体特征，对于画图有很大帮助。

图 3-9　组合体的形体分析

在具体画图时，可以按各个部分的相对位置，逐个画出它们的投影以及它们之间的表面连接关系，综合起来即得到整个组合体的视图。

## 二、选择主视图

表达组合体形状的一组视图中，主视图是最主要的视图。在画三视图时，主视图的投影方向确定以后，其他视图的投影方向也就被确定了。因此，主视图的选择是绘图中的一个重要环节。主视图的选择一般根据形体特征原则来考虑，即以最能反映组合体形体特征的那个视图作为主视图，同时兼顾其他两个视图表达的清晰性。选择时还应考虑物体的安放位置，尽量使其主要平面和轴线与投影面平行或垂直，以便使投影能得到实形。

如图 3-7 所示的支座，比较各个投影方向，选择箭头所指的方向投影为主视图较为合理。

## 三、确定比例和图幅

视图确定后，要根据物体的复杂程度和尺寸大小，按照标准的规定选择适当的比例与图幅。选择的图幅要留有足够的空间以便于标注尺寸和画标题栏等。

## 四、布置视图位置

布置视图时，应根据已确定的各视图每个方向的最大尺寸，并考虑到尺寸标注和标题栏等所需的空间，匀称地将各视图布置在图幅上。

## 五、绘制底稿

支座的作图步骤如图 3-10 所示。

(a) 布置视图,画基准线、底板和立板　　　　　　(b) 画圆孔和圆角

(c) 画肋板　　　　　　　　　　(d) 描深,完成全图

图 3-10　支座三视图的作图步骤

作图时应注意以下几点：

（1）为保证三视图之间相互对正，提高画图速度，减少差错，应尽可能把同一形体的三面投影联系起来作图，并依次完成各组成部分的三面投影。不要孤立地先完成一个视图，再画另一个视图。

（2）先画主要形体，后画次要形体；先画各形体的主要部分，后画次要部分；先画可见部分，后画不可见部分。

（3）应考虑到组合体是各个部分组合起来的一个整体，作图时要正确处理各形体之间的表面连接关系。

**例 3-1** 画出如图 3-11 所示的组合体的三视图。

图 3-11 对照立体图画出三视图

## 第三节 组合体的尺寸标注

一组视图只能表示物体的形状，不能确定物体的大小，组合体各部分的真实大小及相对位置，由标注的尺寸确定。

## 一、尺寸基准

标注尺寸的起始位置称为尺寸基准。组合体有长、宽、高三个方向的尺寸，每个方向至少应有一个尺寸基准。组合体的尺寸标注中，常选取对称面、底面、端面、轴线或圆的中心线等几何元素作为尺寸基准。在选择基准时，每个方向除一个主要基准外，根据情况还可以有几个辅助基准。基准选定后，各方向的主要尺寸（尤其是定位尺寸）就应从相应的尺寸基准进行标注。

如图 3-12 所示支架，是用竖板的右端面作为长度方向尺寸基准；用前、后对称平面作为宽度方向尺寸基准；用底板的底面作为高度方向的尺寸基准。

图 3-12　支架的尺寸基准分析

## 二、标注尺寸要完整

1. 尺寸种类

要使尺寸标注完整，既无遗漏，又不重复，最有效的办法是对组合体进行形体分析，根据各基本体形状及其相对位置分别标注以下几类尺寸。

（1）定形尺寸　确定各基本体形状大小的尺寸。

例：如图 3-13（a）中的 50、34、10、$R8$ 等尺寸确定了底板的形状。而 $R14$、18 等是竖板的定形尺寸。

（2）定位尺寸　确定各基本体之间相对位置的尺寸。

例：如图 3-13（a）俯视图中的尺寸 8 确定竖板在宽度方向的位置，主视图中尺寸 32 确定 $\phi16$ 孔在高度方向的位置。

（3）总体尺寸　确定组合体外形总长、总宽、总高的尺寸。总体尺寸有时和定形尺寸重合，如图 3-13（a）中的总长 50 和总宽 34 同时也是底板的定形尺寸。对于具有圆弧面的结构，通常只注中心线位置尺寸，而不注总体尺寸。如图 3-13（b）中总高可由 32 和 $R14$ 确定，此时就不再标注总高 46 了。当标注了总体尺寸后，有时可能会出现尺寸重复，这时可考虑省略某些定形尺寸。如图 3-13（c）中总高 46 和定形尺寸 10、36 重复，此时可根据情况将此二者之一省略。

图 3-13 尺寸种类

**2. 标注尺寸的方法和步骤**

标注组合体的尺寸时，应先对组合体进行形体分析，选择基准，标注出定形尺寸、定位尺寸和总体尺寸，最后检查、核对。

以图 3-14（a）、（b）所示的支座为例说明组合体尺寸标注的方法和步骤。

（1）进行形体分析。该支座由底板、圆筒、支撑板、肋板四个部分组成，它们之间的组合形式为叠加。如图 3-14（c）所示。

（2）选择尺寸基准。该支座左右对称，故选择对称平面作为长度方向尺寸基准；底板和支撑板的后端面平齐，可选作宽度方向尺寸基准；底板的下底面是支座的安装面，可选作高度方向尺寸基准。如图 3-14（a）所示。

（3）根据形体分析，逐个注出底板、圆筒、支撑板、肋板的定形尺寸。如图 3-14（d）、（e）所示。

（4）根据选定的尺寸基准，注出确定各部分相对位置的定位尺寸。如图 3-14（f）中确定圆筒与底板相对位置的尺寸 32，以及确定底板上两个 φ8 孔位置的尺寸 34 和 26。

（5）标注总体尺寸。此图中所示支座的总长与底板的长度相等，总宽由底板宽度和圆筒伸出部分长度确定，总高由圆筒轴线高度加圆筒直径的一半决定，因此这几个总体尺寸都已标出。

（6）检查尺寸标注有无重复、遗漏，并进行修改和调整，最后结果如图 3-14（f）所示。

## 三、标注尺寸要清晰

标注尺寸不仅要求正确、完整，还要求清晰，以方便读图。为此，在严格遵守机械制图国家标准的前提下，还应注意以下几点：

（1）尺寸应尽量标注在反映形体特征最明显的视图上。

如图 3-14（d）中底板下部开槽宽度 24 和高度 5，标注在反映实形的主视图上较好。

（2）同一基本形体的定形尺寸和确定其位置的定位尺寸，应尽可能集中标注在一个视图上。

图 3-14 支座的尺寸标注

如图 3-14（f）上将两个 $\phi$8 圆孔的定形尺寸 2×$\phi$8 和定位尺寸 34、26 集中标注在俯视图上，这样便于在读图时寻找尺寸。

（3）直径尺寸应尽量标注在投影为非圆的视图上，而圆弧的半径应标注在投影为圆的视图上。

如图 3-14（e）中圆筒的外径 $\phi$28 标注在其投影为非圆的左视图上，底板的圆角半径 R8 标注在其投影为圆的俯视图上。

（4）尽量避免在虚线上标注尺寸。

如图 3-14（e）将圆筒的孔径 $\phi$16 标注在主视图上，而不是标注在俯、左视图上，因为 $\phi$16 孔在这两个视图上的投影都是虚线。

（5）同一视图上的平行并列尺寸，应按"小尺寸在内，大尺寸在外"的原则来排列，且尺寸线与轮廓线、尺寸线与尺寸线之间的间距要适当。

（6）尺寸应尽量配置在视图的外面，以避免尺寸线与轮廓线交错重叠，保持图形清晰。

## 四、常见结构的尺寸注法

表 3-1 列出了组合体上一些常见结构的尺寸注法。

表 3-1　组合体常见结构的尺寸注法

| 类别 | 图　　例 | 正 确 注 法 | 错误注法（只注出错处） |
|---|---|---|---|
| 简化注法 | | | |
| 一般注法 | | | |
| 简化注法 | | | |
| 一般注法 | | | |

# 第四节　读组合体视图

　　画图和读图是学习本课程的两个重要环节，培养读图能力是本课程的基本任务之一。画图是将空间的物体形状在平面上绘制成视图，而读图则是根据已画出的视图，运用投影规律，对物体空间形状进行分析、判断、想象的过程，读图是画图的逆过程。

## 一、读图的基本要领

　　1. 理解视图中线框和图线的含义

　　视图是由图线和线框组成的，弄清视图中线框和图线的含义对读图有很大帮助。

　　(1) 视图中的每个封闭线框可以是物体上一个表面（平面、曲面或它们相切形成的组合面）的投影，也可以是一个孔的投影。如图 3-15 所示，主视图上的线框 A、B、C 是平面的投影，线框 D 是平面与圆柱面相切形成的组合面的投影，主、俯视图中大、小两个圆线框分别是大小两个孔的投影。

　　(2) 视图中的每一条图线可以是面的积聚性投影，如图 3-15 中直线 1 和 2 分别是 A 面和 E 面的积聚性投影；也可以是两个面的交线的投影，如图中直线 3 和 5 分别是肋板斜面 E 与拱形柱体左侧面和底板上表面的交线，直线 4 是 A 面和 D 面交线；还可以是曲面的转向轮廓线的投影，如左视图中直线 6 是小圆孔圆柱面的转向轮廓线（此时不可见，画虚线）。

图 3-15　理解视图中线框和图线的含义

　　(3) 视图中相邻的两个封闭线框，表示位置不同的两个面的投影。如图 3-15 中 B、C、D 三个线框两两相邻，从俯视图中可以看出，B、C 以及 D 的平面部分互相平行，且 D 在最前，B 居中，C 最靠后。

　　(4) 大线框内包括的小线框，一般表示在大立体上凸出或凹下的小立体的投影。如图 3-15 中俯视图上的小圆线框表示凹下的孔的投影，线框 E 表示凸起的肋板的投影。

　　2. 将几个视图联系起来进行读图

　　一个组合体通常需要几个视图才能表达清楚，一个视图不能确定物体形状。如图 3-16 所示的三组视图，它们的主视图都相同，但由于俯视图不同，表示的实际是三个不同的物体。

图 3-16　一个视图不能确定物体的形状

有时即使有两个视图相同，若视图选择不当，也不能确定物体的形状。如图 3-17 所示的三组视图，它们的主、俯视图都相同，但由于左视图不同，也表示了三个不同的物体。

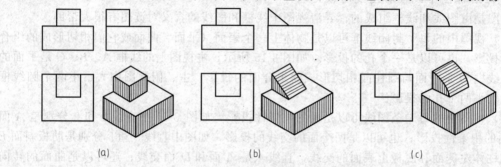

图 3-17　两个视图不能确定物体的形状

在读图时，一般应从反映特征形状最明显的视图入手，联系其他视图进行对照分析，才能确定物体形状，切忌只看一个视图就下结论。

## 二、读图的基本方法

读图的基本方法有形体分析法和线面分析法。

**1. 形体分析法**

根据组合体的特点，将其分成大致几个部分，然后逐一将每一部分的几个投影对照进行分析，想象出其形状，并确定各部分之间的相对位置和组合形式，最后综合想象出整个物体的形状。这种读图方法称为形体分析法。此法用于叠加类组合体较为有效。

读图步骤：

（1）分析线框，对照投影。（由于主视图上具有的特征部位一般较多，故通常先从主视图开始进行分析。）

（2）想出形体，确定位置。

（3）综合起来，想出整体。

一般的读图顺序是：先看主要部分，后看次要部分；先看容易确定的部分，后看难以确定的部分；先看某一组成部分的整体形状，后看其细节部分形状。

**例 3-2**　读如图 3-18（a）所示三视图，想象出它所表示的物体的形状。

读图步骤：

（1）分离出特征明显的线框。

三个视图都可以看作是由三个线框组成的，因此可大致将该物体分为三个部分。其中主视图中Ⅰ、Ⅲ两个线框特征明显，俯视图中线框Ⅱ的特征明显。如图 3-18（a）所示。

图 3-18　用形体分析法读组合体的三视图

（2）逐个想象各形体形状。

根据投影规律，依次找出Ⅰ、Ⅱ、Ⅲ三个线框在其他两个视图的对应投影，并想象出他们的形状。如图 3-18（b）、（c）、（d）所示。

（3）综合想象整体形状。

确定各形体的相互位置，初步想象物体的整体形状，如图 3-18（e）、（f）所示。然后把想象的组合体与三视图进行对照、检查，如根据主视图中的圆线框及它在其他两视图中的投影想象出通孔的形状，最后想象出的物体形状如图 3-18（g）所示。

**例 3-3**　读轴承座的三视图，想象出它所表示的物体的形状。

分析：从主视图看有四个可见线框，可按照线框将它们分为四个部分。在根据视图间的投影关系，依次找每一个个线框在其他两个视图的对应投影，联系起来想象出每部分的形状。最后想象出轴承座的整体形状。

2. 线面分析法

在读图过程中，遇到物体形状不规则，或物体被多个面切割，物体的视图往往难以读懂，此时可以在形体分析的基础上进行线面分析。

线面分析法读图，就是运用投影规律，通过对物体表面的线、面等几何要素进行分析，确定物体的表面形状、面与面之间的位置及表面交线，从而想象出物体的整体形状。此法用于切割类组合体较为有效。

图 3-19　轴承座的三视图

**例 3-4**　读如图 3-20（a）所示三视图，想象出它所表示的物体的形状。

读图步骤：

（1）初步判断主体形状。

物体被多个平面切割，但从三个视图的最大线框来看，基本都是矩形，据此可判断该物体的主体应是长方体。

（2）确定切割面的形状和位置。

图 3-20（b）是分析图，从左视图中可明显看出该物体有 a、b 两个缺口，其中缺口 a 是由两个相交的侧垂面切割而成，缺口 b 是由一个正平面和一个水平面切割而成。还可以看出主视图中线框 $1'$、俯视图中线框 1 和左视图中线框 $1''$ 有投影对应关系，据此可分析出它们是一个一般位置平面的投影。主视图中线段 $2'$、俯视图中线框 2 和左视图中线段 $2''$ 有投影对应关系，可分析出它们是一个水平面的投影。并且可看出Ⅰ、Ⅱ两个平面相交。

（3）逐个想象各切割处的形状。

可以暂时忽略次要形状，先看主要形状。比如看图时可先将两个缺口在三个视图中的投影忽略，如图 3-20（c）所示。此时物体可认为是由一个长方体被Ⅰ、Ⅱ两个平面切割而成，可想象出此时物体的形状，如图 3-20（c）的立体图所示。然后再依次想象缺口 a、b 处的形状，分别如图 3-20（d）、（e）所示。

（4）想象整体形状。

综合归纳各截切面的形状和空间位置，想象物体的整体形状，如图 3-20（f）所示。

### 三、读图综合实例

根据两个视图补画第三视图，是培养读图和画图能力的一种有效手段。而对于较复杂的组合体视图，需要综合运用这两种方法读图，下面以例题说明。

**例 3-5**　如图 3-21（a）所示，根据已知的组合体主、俯视图，作出其左视图。

作图方法和步骤：

1. 形体分析

主视图可以分为四个线框，根据投影关系在俯视图上找出它们的对应投影，可初步判断该物体是由四个部分组成的。下部Ⅰ是底板，其上开有两个通孔；上部Ⅱ是一个圆筒；在底

图 3-20　用线面分析法读组合体的三视图

板与圆筒之间有一块支撑板Ⅲ，它的斜面与圆筒的外圆柱面相切，它的后表面与底板的后表面平齐；在底板与圆筒之间还有一个肋板Ⅳ。根据以上分析，想象出该物体的形状，如图3-21（f）所示。

　　2. 画出各部分在左视图的投影

　　根据上面的分析及想出的形状，按照各部分的相对位置，依次画出底板、圆筒、支撑板、肋板在左视图中的投影。作图步骤如图3-21（b）、（c）、（d）、（e）所示。最后检查、描深，完成全图。

图 3-21　根据已知两视图补画第三视图

## 小　结

1. 由两个或两个以上的基本体按一定的方式所组成类似机件的形体，称为组合体。

2. 根据组合体各组成基本体相关间的组合关系为可分叠加型组合体、切割型组合体、综合型组合体。

3. 组合体的表面连接关系可分为平齐、不平齐、相切、相交四种关系。

4. 假想将组合体分解为若干基本体，分析各基本体的形状、组合形式和相对位置，弄清组合体的形体特征，这种分析方法称为形体分析法。

5. 主视图的选择一般根据形体特征原则来考虑，即以最能反映组合体形体特征的那个视图作为主视图，同时兼顾其他两个视图表达的清晰性。选择时还应考虑物体的安放位置，尽量使其主要平面和轴线与投影面平行或垂直，以便使投影能得到实形。

6. 要根据物体的复杂程度和尺寸大小，按照标准的规定选择适当的比例与图幅。

7. 标注尺寸的起始位置称为尺寸基准。组合体有长、宽、高三个方向的尺寸，每个方向至少应有一个尺寸基准。组合体的尺寸标注中，常选取对称面、底面、端面、轴线或圆的中心线等几何元素作为尺寸基准。

8. 组合体的尺寸由定行尺寸、定位尺寸、总体尺寸构成。

9. 标注组合体的尺寸时，应先对组合体进行形体分析，选择基准，注出定形尺寸、定位尺寸和总体尺寸，最后检查、核对。

10. 标注尺寸要求正确、完整、清晰。

11. 读图时，一般从反映特征形状最明显的视图入手。

12. 根据组合体的特点，将其分成大致几个部分，然后逐一将每一部分的几个投影对照进行分析，想象出其形状，并确定各部分之间的相对位置和组合形式，最后综合想象出整个物体的形状。这种读图方法称为形体分析法。

13. 线面分析法读图是运用投影规律，通过对物体表面的线、面等几何要素进行分析，确定物体的表面形状、面与面之间的位置及表面交线，从而想象出物体的整体形状。

14. 一般的读图顺序是：先看主要部分，后看次要部分；先看容易确定的部分，后看难以确定的部分；先看某一组成部分的整体形状，后看其细节部分形状。

# 第四章
# 机件的表达方法

**主要内容：**

1. 基本视图、向视图、局部视图、斜视图的形成、画法、标注和应用场合
2. 剖视图的形成、画法、标注方法和应用场合
3. 断面图的分类、画法和标注
4. 局部放大图、简化画法和规定画法
5. 第三角画法
6. 运用各种表达方法的综合读图和绘图

**目的要求：**

1. 理解并掌握基本视图、剖视图、断面图局部放大图画法、标注方法和应用场合
2. 掌握常用简化画法和规定画法
3. 了解第三角画法原理与应用
4. 能识读用各种表达方法的综合图样

**教学重点：**

1. 剖视图的画法和标注方法
2. 综合读图能力的培养

**教学难点：**

1. 剖切位置的选择
2. 断面图的标注
3. 用第三角画法实际作图
4. 综合运用各种表达方法的能力的培养和提高

## 第一节　视　　图

视图是机件向投影面投影所得的图形机件的可见部分，必要时才画出其不可见部分。

国家标准 GB/T 17451—1998 和 GB/T 4458.1—2002 规定了视图。视图主要用来表达机件的外部结构形状。视图分为：基本视图、向视图、局部视图和斜视图。

### 一、基本视图

当机件的外部结构形状在各个方向（上下、左右、前后）都不相同时，三视图往往不能清晰地把它表达出来。因此，必须加上更多的投影面，以得到更多的视图。

1. 概念

为了清晰地表达机件六个方向的形状，可在 $H$、$V$、$W$ 三投影面的基础上，再增加三个

基本投影面。这六个基本投影面组成了一个方箱，把机件围在当中，如图 4-1（a）所示。机件在每个基本投影面上的投影，都称为基本视图。图 4-1（b）表示机件投影到六个投影面上后，投影面展开的方法。展开后，六个基本视图的配置关系和视图名称见图 4-1（c）。按图 4-1（b）所示位置在一张图纸内的基本视图，一律不注视图名称。

图 4-1 六个基本视图

### 2. 投影规律

六个基本视图之间，仍然保持着与三视图相同的投影规律，即：

主、俯、仰、（后）：长对正；

主、左、右、后：高平齐；

俯、左、仰、右：宽相等。

此外，除后视图以外，各视图的里边（靠近主视图的一边），均表示机件的后面，各视图的外边（远离主视图的一边），均表示机件的前面，即"里后外前"。

虽然机件可以用六个基本视图来表示，但实际上画哪几个视图，要看具体情况而定。

## 二、向视图

有时为了便于合理地布置基本视图，可以采用向视图。

向视图是可自由配置的视图，它的标注方法为：在向视图的上方注写"×"（×为大写的英文字母，如"A"、"B"、"C"等），并在相应视图的附近用箭头指明投影方向，并注写相同的字母，如图 4-2 所示。

图 4-2　向视图

## 三、局部视图

当采用一定数量的基本视图后，机件上仍有部分结构形状尚未表达清楚，而又没有必要再画出完整的其他的基本视图时，可采用局部视图来表达。

1. 概念

只将机件的某一部分向基本投影面投射所得到的图形，称为局部视图。局部视图是不完整的基本视图，利用局部视图可以减少基本视图的数量，使表达简洁，重点突出。例如图 4-3（a）所示工件，画出了主视图和俯视图，已将工件基本部分的形状表达清楚，只有左、右两侧凸台和左侧肋板的厚度尚未表达清楚，此时便可像图中的 A 向和 B 向那样，只画出所需要表达的部分而成为局部视图，如图 4-3（b）所示。这样重点突出、简单明了，有利于画图和看图。

2. 画局部视图注意事项

（1）在相应的视图上用带字母的箭头指明所表示的投影部位和投影方向，并在局部视图上方用相同的字母标明"×"。

（2）局部视图最好画在有关视图的附近，并直接保持投影联系。也可以画在图纸内的其他地方，如图 4-3（b）中右下角画出的"B"。当表示投影方向的箭头标在不同的视图上时，同一部位的局部视图的图形方向可能不同。

（3）局部视图的范围用波浪线表示，如图 4-3（b）中"A"。所表示的图形结构完整、且外轮廓线又封闭时，则波浪线可省略，如图 4-3（b）中"B"。

(a) 直观图　　　　　　　　　　(b) 视图

图 4-3　局部视图

## 四、斜视图

### 1. 斜视图的概念

将机件向不平行于任何基本投影面的投影面进行投影，所得到的视图称为斜视图。斜视图适合于表达机件上的斜表面的实形。例如图 4-4 所示机件，它的倾斜部分在俯视图和左视图上的投影都不是实形。此时就可以另外加一个平行于该倾斜部分的投影面，在该投影面上则可以画出倾斜部分的实形投影，如图 4-4 中的"A"向所示。

### 2. 斜视图的标注

斜视图的标注方法与局部视图相似，并且应尽可能配置在与基本视图直接保持投影联系的位置，也可以平移到图纸内的适当地方。为了画图方便，也可以旋转，但必须在斜视图上方注明旋转标记，如图 4-4 所示。

(a)　　　　　　　　　　　　　　(b)

图 4-4　斜视图

**3. 注意**

画斜视图时增设的投影面只垂直于一个基本投影面，因此，机件上原来平行于基本投影面的一些结构，在斜视图中最好以波浪线为界而省略不画，以避免出现失真的投影。在基本视图中也要注意处理好这类问题，如图 4-4 中不用俯视图而用"A"向视图。

## 第二节 剖 视 图

六个基本视图基本解决了机件外形的表达问题，但当零件的内部结构较复杂时，视图的虚线也将增多，要清晰地表达机件的内部形状和结构，常采用剖视图的画法。

(a) 视图　　　　　　　　(b) 剖视图

(c) 剖视图的形成

图 4-5　视图与剖视图的比较

国家标准 GB/T 17452—1998 和 GB/T 4458.6—2002 规定了剖视图。

## 一、剖视图的形成

　　想象用一剖切平面剖开机件，然后将处在观察者和剖切平面之间的部分移去，而将其余部分向投影面投影所得的图形，称为剖视图（简称剖视）。

　　例如，图 4-5 所示的机件，在主视图中，用虚线表达其内部结构，不够清晰。按照图 4-5（b）所示的方法，假想沿机件前后对称平面把它剖开，拿走剖切平面前面的部分后，将后面部分再向正投影面投影，这样，就得到了一个剖视的主视图。图 4-5（c）表示机件剖视图的形成。

## 二、剖视图的画法

　　画剖视图时，首先要选择适当的剖切位置，使剖切平面尽量通过较多的内部结构（孔、槽等）的轴线或对称平面，并平行于选定的投影面。例如在图 4-5 中，以机件的前后对称平面为剖切平面。

　　其次，剖切后内外轮廓要画齐。机件剖开后，处在剖切平面之后的所有可见轮廓线都应画齐，不得遗漏。

　　最后要画上剖面符号。在剖视图中，凡是被剖切的部分应画上剖面符号。表 4-1 所示为常用材料的剖面符号。

表 4-1　常用材料的剖面符号

| 材料类别 | 图　例 | 材料类别 | 图　例 | 材料类别 | 图　例 |
|---|---|---|---|---|---|
| 金属材料（已有规定剖面符号者除外） |  | 型砂、填砂、粉末冶金、砂轮、陶瓷刀片、硬质合金刀片等 |  | 木材纵断面 |  |
| 非金属材料（已有规定剖面符号者除外） |  | 钢筋混凝土 |  | 木材横断面 |  |
| 转子、电枢、变压器和电抗器等的叠钢片 |  | 玻璃及供观察用的其他透明材料 |  | 液体 |  |
| 线圈绕组元件 |  | 砖 |  | 木质胶合板（不分层数） |  |
| 混凝土 |  | 基础周围的泥土 |  | 格网（筛网、过滤网等） |  |

　　金属材料的剖面符号，应画成与水平方向成 45°的互相平行、间隔均匀的细实线。同一机件各个视图的剖面符号应相同。但是如果图形的主要轮廓线与水平方向成 45°或接近 45°时，该图剖面线应画成与水平方向成 30°或 60°角，其倾斜方向仍应与其他视图的剖面线一致，如图 4-6 所示。

图 4-6　剖面线画法

## 三、剖视图的标注

　　剖视图的一般应该包括三部分：剖切平面的位置、投影方向和剖视图的名称。标注方法如图 4-5 所示：在剖视图中用剖切符号（即粗短线）标明剖切平面的位置，并写上字母；用箭头指明投影方向；在剖视图上方用相同的字母标出剖视图的名称"×—×"。

## 四、画剖视图注意事项

　　（1）剖视只是一种表达机件内部结构的方法，并不是真正剖开和拿走一部分。因此，除剖视图以外，其他视图要按原来形状画出。

　　（2）剖视图中一般不画虚线，但如果画少量虚线可以减少视图数量，而又不影响剖视图的清晰时，也可以画出这种虚线。

　　（3）机件剖开后，凡是看得见的轮廓线都应画出，不能遗漏。要仔细分析剖切平面后面的结构形状，分析有关视图的投影特点，以免画错。如图 4-7 所示是剖面形状相同，但剖切平面后面的结构不同的三块底板的剖视图的例子。要注意区别它们不同之点在什么地方。

　　图 4-8 为几种孔槽容易漏画线条的剖视图。

　　为了用较少的图形，把机件的形状完整清晰地表达出来，就必须使每个图形能较多地表达机件的形状。这样，就产生了各种剖视图。按剖切范围的大小，剖视图可分为全剖视图、半剖视图、局部剖视图。按剖切面的种类和数量，剖视图可分为阶梯剖视图、旋转剖视图、斜剖视图和复合剖视图。

## 五、剖视图的分类

　　1. 全剖视图

　　用剖切平面，将机件全部剖开后进行投影所得到的剖视图，称为全剖视图（简称全剖

图 4-7 几种底板的剖视图

不可漏画线

不可多画线

(a)　　　　　　(b)　　　　　　(c)　　　　　　(d)

图 4-8 几种孔槽容易漏画线条的剖视图

视）。例如图 4-9 中的主视图和左视图均为全剖视图。

全剖视图一般用于表达外部形状比较简单，内部结构比较复杂的机件。

当剖切平面通过机件的对称（或基本对称）平面，且全剖视图按投影关系配置，中间又无其他视图隔开时，可以省略标注，否则必须按规定方法标注。如图 4-9 中的主视图的剖切平面通过对称平面，所以省略了标注；而左视图的剖切平面不是通过对称平面，则必须标注，但它是按投影关系配置的，所以箭头可以省略。

2. 半剖视图

当机件具有对称平面时，以对称中心线为界，在垂直于对称平面的投影面上投影得到的，由半个剖视图和半个视图合并组成的图形称为半剖视图。

图 4-9 全剖视图及其标注

(a)                                    (b)

图 4-10 半剖视图及其标注

半剖视图既充分地表达了机件的内部结构，又保留了机件的外部形状，因此它具有内外兼顾的特点。但半剖视图只适宜于表达对称的或基本对称的机件。

　　半剖视图的标注方法与全剖视图相同。例如图 4-10（a）所示的机件为前后对称，图 4-10（b）中主视图所采用的剖切平面通过机件的前后对称平面，所以不需要标注；而俯视图所采用的剖切平面并非通过机件的对称平面，所以必须标出剖切位置和名称，但箭头可以省略。

　　采用半剖视图应注意以下几点：

　　(1) 具有对称平面的机件，在垂直于对称平面的投影面上，才宜采用半剖视。如机件的形状接近于对称，而不对称部分已另有视图表达时，也可以采用半剖视。

　　(2) 半个剖视和半个视图必须以细点画线为界。如果作为分界线的细点画线刚好和轮廓线重合，则应避免使用。如图 4-11 所示主视图，尽管图的内外形状都对称，似乎可以采用半剖视。但采用半剖视图后，其分界线恰好和内轮廓线相重合，不满足分界线是细点画线的要求，所以不应用半剖视表达，而宜采取局部剖视表达，并且用波浪线将内、外形状分开。

　　(3) 半剖视图中的内部轮廓在半个视图中不必再用虚线表示。

(a) 正确　　　　　　　(b) 错误

图 4-11　对称机件的局部剖视

　　3. 局部剖视图

　　将机件局部剖开后进行投影得到的剖视图称为局部剖视图。局部剖视图也是在同一视图上同时表达内外形状的方法，并且用波浪线作为剖视图与视图的界线。图 4-12 的主视图和俯视图，均采用了局部剖视图。

(a)　　　　　　　　　　　　　　(b)

图 4-12　局部剖视图

　　局部剖视是一种比较灵活的表达方法，剖切范围根据实际需要决定。但使用时要考虑到看图方便，剖切不要过于零碎。它常用于下列两种情况：

　　① 机件只有局部内形要表达，而又不必或不宜采用全剖视图时；

　　② 不对称机件需要同时表达其内、外形状时，宜采用局部剖视图。

表示视图与剖视范围的波浪线，可看作机件断裂痕迹的投影，波浪线的画法应注意以下几点：

（1）波浪线不能超出图形轮廓线。如图 4-13（a）（c）所示。

（2）波浪线不能穿孔而过，如遇到孔、槽等结构时，波浪线必须断开。如图 4-13（a）、（c）所示。

（3）波浪线不能与图形中任何图线重合，也不能用其他线代替或画在其他线的延长线上。如图 4-13（b）、（d）、（e）所示。

图 4-13　局部剖视图的波浪线的画法

（4）当被剖切部位的局部结构为回转体时，允许将该结构的中心线作为局部剖视图与视图的分界线。如图 4-14 所示的拉杆的局部剖视图。

图 4-14　拉杆局部剖视图

局部剖视图的标注方法和全剖视相同。但如局部剖视图的剖切位置非常明显，则可以不标注。

## 六、剖切面的种类

剖视图是假想将机件剖开而得到的视图，因为机件内部形状的多样性，剖开机件的方法也不尽相同。国家标准《机械制图》规定有：单一剖切平面、几个互相平行的剖切平面、两个相交的剖切平面、不平行于任何基本投影面的剖切平面、组合的剖切平面等。

1. 单一剖切平面

用一个剖切平面剖开机件的方法称为单一剖，所画出的剖视图，称为单一剖视图。单一剖切平面一般为平行于基本投影面的剖切平面。前面介绍的全剖视图、半剖视图、局部剖视图均为用单一剖切平面剖切而得到的，可见，这种方法应用最多。

2. 几个互相平行的剖切平面——阶梯剖

用两个或多个互相平行的剖切平面把机件剖开的方法，称为阶梯剖，所画出的剖视图，称为阶梯剖视图。它适宜于表达机件内部结构的中心线排列在两个或多个互相平行的平面内的情况。

例如图 4-15（a）所示机件，内部结构（小孔和沉孔）的中心位于两个平行的平面内，不能用单一剖切平面剖开，而是采用两个互相平行的剖切平面将其剖开，主视图即为采用阶梯剖方法得到的全剖视图，如图 4-15（c）所示。

剖视图中不画转折处的投影

(a)　　　　　　(b)　　　　　　(c)

图 4-15　阶梯剖视图

画阶梯剖视时，应注意下列几点：

（1）为了表达孔、槽等内部结构的实形，几个剖切平面应同时平行于同一个基本投影面。

（2）两个剖切平面的转折处，不能画分界线，如图 4-15（b）所示。因此，要选择一个恰当的位置，使之在剖视图上不致出现孔、槽等结构的不完整投影。当它们在剖视图上有共同的对称中心线和轴线时，也可以各画一半，这时细点画线就是分界线。如图 4-16 所示。

（3）阶梯剖视必须标注，标注方法如图 4-15（c）所示。在剖切平面迹线的起始、转折和终止的地方，用剖切符号（即粗短线）表示它的位置，并写上相同的字母；在剖切符号两端用箭头表示投影方向（如果剖视图按投

图 4-16　阶梯剖视的特例

影关系配置，中间又无其他图形隔开时，可省略箭头）；在剖视图上方用相同的字母标出名称"×—×"。

3. 两个相交的剖切平面——旋转剖

用两个相交的剖切平面（交线垂直于某一基本投影面）剖开机件的方法称为旋转剖，所画出的剖视图，称为旋转剖视图。

如图 4-17（a）所示的法兰盘，它中间的大圆孔和均匀分布在四周的小圆孔都需要剖开表示，如果用相交于法兰盘轴线的侧平面和正垂面去剖切，并将位于正垂面上的剖切面绕轴线旋转到和侧面平行的位置，这样画出的剖视图就是旋转剖视图。可见，旋转剖适用于有回转轴线的机件，而轴线恰好是两剖切平面的交线。并且两剖切平面一个为投影面平行面，一个为投影面垂直面，如图 4-17（b）是法兰盘用旋转剖视表示的例子。

图 4-17　法兰盘的旋转剖视图

同理，如图 4-18（a）所示的摇臂，也可以用旋转剖视表达。

图 4-18　摇臂的旋转剖视图

画旋转剖视图时应注意以下两点：

（1）倾斜的平面必须旋转到与选定的基本投影面平行，以使投影能够表达实形。但剖切平面后面的结构，一般应按原来的位置画出它的投影，如图4-18（b）所示。

（2）旋转剖视图必须标注，标注方法与阶梯剖视相同，如图4-17（b）、图4-18（b）所示。

**4. 不平行于任何基本投影面的剖切平面——斜剖**

用不平行于任何基本投影面的剖切平面剖开机件的方法称为斜剖，所画出的剖视图，称为斜剖视图。斜剖视适用于机件的倾斜部分需要剖开以表达内部实形的时候，并且内部实形的投影是用辅助投影面法求得的。

如图4-19所示机件，它的基本轴线不与底板垂直。为了清晰表达弯板的外形和小孔等结构，宜用斜剖视表达。此时用平行于弯板的剖切面"B—B"剖开机件，然后在辅助投影面上求出剖切部分的投影即可。

画斜剖视图时，应注意以下几点：

（1）剖视最好与基本视图保持直接的投影联系，如图4-19中的"B—B"。必要时（如为了合理布置图幅）可以将斜剖视画到图纸的其他地方，但要保持原来的倾斜度，也可以转

图4-19 机件的斜剖视图

(a)　　　　　　　　　　　　　　　　(b)

图4-20 机件的复合剖视图

平后画出，但必须加注旋转符号。

（2）斜剖视图主要用于表达倾斜部分的结构。机件上凡在斜剖视图中失真的投影，一般应避免表示。例如在图 4-19 中，按主视图上箭头方向取视图，就避免了画圆形底板的失真投影。

（3）斜剖视图必须标注，标注方法如图 4-19 所示，箭头表示投影方向。

**5. 组合的剖切平面**

当机件的内部结构比较复杂，用阶梯剖或旋转剖仍不能完全表达清楚时，可以采用以上几种剖切平面的组合来剖开机件，这种剖切方法，称为复合剖，所画出的剖视图，称为复合剖视图。

如图 4-20（b）所示的机件，为了在一个图上表达各孔、槽的结构，便采用了复合剖视，如图 4-20（a）所示。应特别注意复合剖视图中的标注方法。

# 第三节 断 面 图

国家标准 GB/T 17452—1998 和 GB/T 4458.6—2002 规定了断面图。

## 一、断面图的基本概念

**1. 概念**

假想用剖切平面将机件在某处切断，只画出切断面形状的投影并画上规定的剖面符号的图形，称为断面图，简称为断面。如图 4-21 所示。

图 4-21 断面图的画法

**2. 断面图与剖视图的区别**

断面图仅画出机件断面的图形，而剖视图则要画出剖切平面以后的所有部分的投影，如图 4-21（b）所示。

## 二、断面图的分类

断面图分为移出断面图和重合断面图两种。

**1. 移出断面图**

（1）概念 画在视图轮廓之外的断面图称为移出断面图。如图 4-22（b）所示断面即为移出断面。

图 4-22 移出断面图

（2）画法要点

① 移出断面的轮廓线用粗实线画出，断面上画出剖面符号。移出断面应尽量配置在剖切平面的延长线上，必要时也可以画在图纸的适当位置。

② 当剖切平面通过由回转面形成的圆孔、圆锥坑等结构的轴线时，这些结构应按剖视画出，如图 4-23 所示。

图 4-23 通过圆孔等回转面的轴线时断面图的画法

③ 当剖切平面通过非回转面，会导致出现完全分离的断面时，这样的结构也应按剖视画出，如图 4-24 所示。

图 4-24 断面分离时的画法

### 2. 重合断面图

画在视图轮廓之内的断面图称为重合断面图。如图 4-25 所示的断面即为重合断面。

图 4-25　重合断面图

为了使图形清晰，避免与视图中的线条混淆，重合断面的轮廓线用细实线画出。当重合断面的轮廓线与视图的轮廓线重合时，仍按视图的轮廓线画出，不应中断，如图 4-25（a）所示。

## 三、剖切位置与标注

（1）当移出断面不画在剖切位置的延长线上时，如果该移出断面为不对称图形，必须标注剖切符号与带字母的箭头，以表示剖切位置与投影方向，并在断面图上方标出相应的名称"×—×"；如果该移出断面为对称图形，因为投影方向不影响断面形状，所以可以省略箭头。如图 4-26 所示。

（2）当移出断面按照投影关系配置时，不管该移出断面为对称图形或不对称图形，因为

图 4-26　断面图的标注

投影方向明显，所以可以省略箭头。如图 4-26 所示。

（3）当移出断面画在剖切位置的延长线上时，如果该移出断面为对称图形，只需用细点画线标明剖切位置，可以不标注剖切符号、箭头和字母；如果该移出断面为不对称图形，则必须标注剖切位置和箭头，但可以省略字母。

（4）当重合断面为不对称图形时，需标注其剖切位置和投影方向，当重合断面为对称图形时，一般不必标注，如图 4-26 所示。

# 第四节　其他方法

机件除了视图、剖视图、断面图等表达方法以外，对机件上的一些特殊结构，还可以采用一些规定画法和简化画法。

## 一、局部放大图

机件上某些细小结构在视图中表达的还不够清楚，或不便于标注尺寸时，可将这些部分用大于原图形所采用的比例画出，这种图称为局部放大图，如图 4-27 所示。

图 4-27　局部放大图

局部放大图必须标注，标注方法是：在视图上画一细实线圆，标明放大部位，在放大图的上方注明所用的比例，即图形大小与实物大小之比（与原图上的比例无关），如果放大图不止一个时，还要用罗马数字编号以示区别。

局部放大图可画成视图、剖视图、断面图，它与被放大部位的表达方法无关。局部放大图应尽量配置在被放大部位的附近。

## 二、有关肋板、轮辐等结构的画法

（1）机件上的肋板、轮辐及薄壁等结构，如纵向剖切都不要画剖面符号，而且用粗实线将它们与其相邻结构分开，如图 4-28 所示。

图 4-28　肋板的剖视画法

（2）回转体上均匀分布的肋板、轮辐、孔等结构不处于剖切平面上时，可将这些结构假想旋转到剖切平面上画出。如图 4-29 所示。

图 4-29　均匀分布的肋板、孔的剖切画法

## 三、相同结构的简化画法

当机件上具有若干相同结构（齿、槽、孔等），并按一定规律分布时，只需画出几个完整结构，其余用细实线相连或标明中心位置，并注明总数，如图 4-30 所示。

## 四、较长机件的折断画法

较长的机件（轴、杆、型材等），沿长度方向的形状一致或按一定规律变化时，可断开缩短绘制，但必须按原来实长标注尺寸，如图 4-31 所示。

机件断裂边缘常用波浪线画出，圆柱断裂边缘常用花瓣形画出，如图 4-32 所示。

图 4-30　相同结构的简化画法

图 4-31　较长机件的折断画法

图 4-32　圆柱与圆筒的断裂处画法

## 五、较小结构的简化画法

机件上较小的结构，如在一个图形中已表示清楚时，在其他图形中可以简化或省略，如图 4-33（a）和图 4-33（b）的主视图。

在不致引起误解时，图形中的相贯线允许简化，例如用圆弧或直线代替非圆曲线，如图 4-33（a）所示。

图 4-33　较小结构的简化画法

### 六、某些结构的示意画法

网状物、编织物或机件上的滚花部分，可在轮廓线附近用细实线示意画出，并标明其具体要求。如图 4-34 即为滚花的示意画法。

当图形不能充分表达平面时，可以用平面符号（相交细实线）表示，如图 4-35 所示。如已表达清楚，则可不画平面符号，如图 4-33（b）所示。

图 4-34　滚花的示意画法

图 4-35　平面符号表示法

### 七、对称机件的简化画法

在不致引起误解时，对于对称机件的视图可以只画一半或四分之一，并在对称中心线的两端画出两条与其垂直的平行细实线，如图 4-36 所示。

图 4-36　对称机件的简化画法

### 八、允许省略剖面符号的移出断面

在不致引起误解时，零件图中的移出断面，允许省略剖面符号，但剖切位置和断面图的标注，必须按规定的方法标出，如图 4-37 所示。

### 九、倾斜圆的简化画法

与投影面倾斜角度小于 30° 的圆或圆弧，其投影可用圆或圆弧代替。如图 4-38 所示。

### 十、第三角画法简介

中国的工程图样是按正投影法并采用第一角画法绘制的。而有些国家（如英、美等国）

图 4-37　移出剖面的简化画法

图 4-38　倾斜圆的简化画法

的图样是按正投影法并采用第三角画法绘制的。

　　1. 第三角投影法的概念

　　如图 4-39 所示，由三个互相垂直相交的投影面组成的投影体系，把空间分成了八个部

图 4-39　空间的八个分角

分,每一部分为一个分角,依次为Ⅰ、Ⅱ、Ⅲ、Ⅳ……Ⅶ、Ⅷ分角。将机件放在第一分角进行投影,称为第一角画法。而将机件放在第三分角进行投影,称为第三角画法。

2. 第三角画法与第一角画法的区别

在于人(观察者)、物(机件)、图(投影面)的位置关系不同。采用第一角画法时,是把投影面放在观察者与物体之间,从投影方向看是"人、图、物"的关系,如图 4-40 所示。

图 4-40　第一角画法原理

而采用第三角画法时,是把物体放在观察者与投影面之间,从投影方向看是"人、物、图"的关系,如图 4-41 所示。投影时就好像隔着"玻璃"看物体,将物体的轮廓形状印在"玻璃"(投影面)上。

图 4-41　第三角画法原理

3. 第三角投影图的形成

采用第三角画法时,从前面观察物体在 V 面上得到的视图称为前视图;从上面观察物

体在 $H$ 面上得到的视图称为顶视图；从右面观察物体在 $W$ 面上得到的视图称为右视图。各投影面的展开方法是：$V$ 面不动，$H$ 面向上旋转 $90°$，$W$ 面向右旋转 $90°$，使三投影面处于同一平面内，如图 4-42 (a) 所示。

采用第三角画法时也可以将物体放在正六面体中，分别从物体的六个方向向各投影面进行投影，得到六个基本视图，即在三视图的基础上增加了后视图（从后往前看）、左视图（从左往右看）、底视图（从下往上看）。展开后六视图的配置关系如图 4-42 (b) 所示。

图 4-42 第三角画法投影面展开及视图的配置

**4. 第一角和第三角画法的识别符号**

在国际标准中规定，可以采用第一角画法，也可以采用第三角画法。为了区别这两种画法，规定在标题栏中专设的格内用规定的识别符号表示。GB/T 14692—1993 中规定的识别符号如图 4-43 所示。

(a)第一角画法用　　　　　　　　　　　　(b)第三角画法用

图 4-43　两种画法的识别符号

## 第五节　识读剖视图综合图样

在选择表达机件的图样时，首先应考虑看图方便，并根据机件的结构特点，用较少的图形，把机件的结构形状完整、清晰地表达出来。实际绘图时，各种表达方法应根据机件结构的具体情况选择使用。同时还考虑各图形之间的相互联系。

识读综合图样是根据机件已有的视图、剖视图、断面图形等，分析了解剖切关系及表达意图，应用形体分析法和线面分析法，从而想象出机件内外结构形状的过程。

要读懂综合图样，首先应具有识读组合体视图的能力，其次应熟悉、剖视图、断面图等各种表达方法的规则、标注与规定，并具有较多实际读图的经验积累。

下面以图 4-44 所示的阀体的表达方案为例，说明表达方法的综合运用。

### 一、图形分析

阀体的表达方案共有五个图形：两个基本视图（全剖主视图 "B—B"、全剖俯视图 "A—A"）、一个局部视图（"D" 向）、一个局部剖视图（"C—C"）和一个斜剖的全剖视图（"E—E 旋转"）。

主视图 "B—B" 是采用旋转剖画出的全剖视图，表达阀体的内部结构形状；俯视图 "A—A" 是采用阶梯剖画出的全剖视图，着重表达左、右管道的相对位置，还表达了下连接板的外形及 $4 \times \phi 5$ 小孔的位置。

"C—C" 局部剖视图，表达左端管连接板的外形及其上 $4 \times \phi 4$ 孔的大小和相对位置；"D" 向局部视图，相当于俯视图的补充，表达了上连接板的外形及其上 $4 \times \phi 5$ 孔的大小和位置。

因右端管与正投影面倾斜 45°，所以采用斜剖画出 "E—E" 全剖视图，以表达右连接板的形状。

### 二、形体分析

由图形分析中可见，阀体的构成大体可分为管体、上连接板、下连接板、左连接板、右

图 4-44 阀体的表达方案

连接板等五个部分。

　　管体的内外形状通过主、俯视图已表达清楚，它是由中间一个外径为 36、内径为 24 的竖管，左边一个距底面 54、外径为 24、内径为 12 的横管，右边一个距底面 30、外径为 24、内径为 12、向前方倾斜 45°的横管三部分组合而成。三段管子的内径互相连通，形成有四个通口的管件。

阀体的上、下、左、右四块连接板形状大小各异，这可以分别由主视图以外的四个图形看清它们的轮廓，它们的厚度为 8。

通过分析形体，想象出各部分的空间形状，再按它们之间的相对位置组合起来，便可想象出阀体的整体形状。

## 小　结

1. 主要用于表达机件的外部结构形状。通常有基本视图、向视图、局部视图和斜视图。

2. 基本视图是机件向基本投影面投射所得的视图。用于表达机件的外形。

3. 向视图是可以自由配置的视图。用于表达机件某一方向的外形。

4. 局部视图是将机件的某一部分向基本投影面投射所得的视图。用于表达机件局部外形。

5. 斜视图是机件向不平行于基本投影面的平面投射所得的视图。用于表达机件上倾斜部分的外形。

6. 剖视图主要用于表达机件的内部结构形状。分为全剖视图、半剖视图和局部剖视图。

7. 全剖视图是用剖切平面完全地剖开机件所得的剖视图。用于表达外形简单、内部较复杂的不对称机件。

8. 半剖视图是当机件具有对称平面时，向垂直于对称平面的投影面上投射所得的图形，可以对称中心线为界，一半画成剖视图，另一半画成视图。用于表达内、外结构形状都需表达的对称机件。

9. 局部剖视图是用剖切平面局部地剖开机件所得的剖视图。主要用于表达机件的局部内部结构形状及外部结构形状。

10. 剖视图是假想将机件剖开而得到的视图，因为机件内部形状的多样性，剖开机件的方法也不尽相同。国家标准《机械制图》规定有：单一剖切平面、几个互相平行的剖切平面、两个相交的剖切平面、不平行于任何基本投影面的剖切平面、组合的剖切平面等。

11. 假想用剖切平面将机件在某处切断，只画出切断面形状的投影并画上规定的剖面符号的图形，称为断面图，简称为断面。

12. 断面图主要用于表达机件上某一断面的形状。断面图可分为移出断面图和重合断面图。

13. 识读综合方法表达图样：方案分析；形体分析；综合想象。

14. 由三个互相垂直相交的投影面组成的投影体系，把空间分成了八个部分，每一部分为一个分角，依次为Ⅰ、Ⅱ、Ⅲ、Ⅳ……Ⅶ、Ⅷ分角。将机件放在第一分角进行投影，称为第一角画法。而将机件放在第三分角进行投影，称为第三角画法。

# 第五章
# 标准件与常用件

**主要内容：**

1. 螺纹的形成、基本要素及规定画法
2. 螺纹紧固件的规定标记及连接画法
3. 键的作用、型式，普通平键的画法和标记
4. 销的作用、型式、规定标记和连接画法
5. 直齿圆柱齿轮、直齿圆锥齿轮和蜗杆、蜗轮的画法及各部分的名称与尺寸关系
6. 滚动轴承和弹簧的种类、用途和规定画法
7. 弹簧的种类、用途和规定画法

**目的要求：**

1. 熟练掌握螺纹的规定画法
2. 掌握常用螺纹紧固件的规定标记及连接画法
3. 掌握键连接的装配画法、零件上键槽的画法和尺寸标注
4. 掌握销的规定标记、查表方法和销连接的装配画法
5. 掌握直齿圆柱齿轮、直齿圆锥齿轮和蜗杆、蜗轮的画法及各部分的名称与尺寸关系
6. 熟悉滚动轴承的种类、用途和规定画法
7. 熟悉弹簧的种类、用途和规定画法

**教学重点：**

1. 螺纹的规定画法
2. 常用螺纹紧固件的连接画法
3. 直齿圆柱齿轮的的画法、尺寸标注和啮合画法

**教学难点：**

螺纹的规定画法，特别是内外螺纹的旋合画法

## 第一节　螺　　纹

螺纹是在圆柱或圆锥表面上，沿着螺旋线形成的具有相同剖面形状（如等边三角形、正方形、梯形、锯齿形……）的连续凸起和沟槽。在圆柱或圆锥外表面所形成的螺纹称为外螺纹，在圆柱或圆锥内表面所形成的螺纹称为内螺纹。用于连接的螺纹称为连接螺纹；用于传递运动或动力的螺纹称为传动螺纹。

### 一、螺纹的形成和基本要素

#### 1. 螺纹的形成

各种螺纹都是根据螺旋线原理加工而成，螺纹加工大部分采用机械化批量生产。小批

工件旋转方向　　　　　　　工件旋转方向

刀具移动方向

刀具移动方向

(a) 车外螺纹　　　　　　　(b) 车内螺纹

图 5-1　内外螺纹的车削加工

图 5-2　内螺纹加工

量、单件产品外螺纹可采用车床加工，如图 5-1 所示。内螺纹可以在车床上加工，也可以先在工件上钻孔，再用丝锥攻制而成，如图 5-2 所示。

2. 螺纹的基本要素

螺纹的基本要素包括牙型、直径（大径、小径、中径）、螺距和导程、线数、旋向等。

（1）牙型　在通过螺纹轴线的剖面上，螺纹的轮廓形状称为螺纹牙型。常见的螺纹牙型有三角形（60°、55°）、梯形、锯齿形、矩形等。常见标准螺纹的牙型及符号如表 5-1 所示。

（2）螺纹的直径　螺纹的直径有大径（公称直径）、小径、中径，如图 5-3 所示。

表 5-1　常用标准螺纹的牙型及符号

| 螺纹种类 | | 特征代号 | 外 形 图 | 牙 型 图 | 说 明 |
|---|---|---|---|---|---|
| 连接螺纹 | 普通螺纹 | M | 60° | 60° | 分粗牙和细牙两种，粗牙用于一般机件的连接；细牙的螺距较小，用于薄壁或紧密连接 |
| | 圆柱管螺纹 | G | 55° | 55° | 用于非螺纹密封的水管、油管、煤气管等管路零件的连接 |
| 传动螺纹 | 梯形螺纹 | Tr | 30° | 30° | 用于传递运动和动力 |
| | 锯齿形螺纹 | B | 3°30′ | 3° 30° | 用于传递单向动力 |

大径 $d$、$D$——是指与外螺纹的牙顶或内螺纹的牙底相切的假想圆柱或圆锥的直径。内螺纹的大径用大写字母表示，外螺纹的大径用小写字母表示。

小径 $d_1$、$D_1$——是指与外螺纹的牙底或内螺纹的牙顶相切的假想圆柱或圆锥的直径。

中径 $d_2$、$D_2$——是指一个假想的圆柱或圆锥直径，该圆柱或圆锥的母线通过牙型上沟槽和凸起宽度相等的地方。

图 5-3　螺纹的直径

公称直径——代表螺纹尺寸的直径，指螺纹大径的基本尺寸。

（3）线数　形成螺纹的螺旋线条数称为线数，线数用字母 $n$ 表示。沿一条螺旋线形成的螺纹称为单线螺纹，沿两条以上螺旋线形成的螺纹称为多线螺纹，如图 5-4 所示。

（4）螺距和导程　相邻两牙在中径线上对应两点间的轴向距离称为螺距，螺距用字母 $P$ 表示；同一螺旋线上的相邻两牙在中径线上对应两点间的轴向距离称为导程，导程用字母 $P_h$ 表示，如图 5-4 所示。线数 $n$、螺距 $P$ 和导程 $P_h$ 之间的关系为：$P_h = P \times n$

（5）旋向　螺纹分为左旋螺纹和右旋螺纹两种。顺时针旋转时旋入的螺纹是右旋螺纹；逆时针旋转时旋入的螺纹是左旋螺纹，如图 5-5 所示。工程上常用右旋螺纹。

图 5-4　单线螺纹和双线螺纹

图 5-5　螺纹的旋向

国家标准对螺纹的牙型、大径和螺距做了统一规定。这三项要素均符合国家标准的螺纹称为标准螺纹；凡牙型不符合国家标准的螺纹称为非标准螺纹；只有牙型符合国家标准的螺纹称为特殊螺纹。

## 二、螺纹的规定画法和标注

螺纹一般不按真实投影作图，而是采用机械制图国家标准规定的画法以简化作图过程。

（1）外螺纹的画法　外螺纹的大径用粗实线表示，小径用细实线表示。螺纹小径按大径的 0.85 倍绘制。在不反映圆的视图中，小径的细实线应画入倒角内，螺纹终止线用粗实线表示，如图 5-6（a）所示。在反映圆的视图中，表示小径的细实线圆只画约 3/4 圈，螺杆端面上的倒角圆省略不画，如图 5-6（b）、（c）所示。剖视图中的螺纹终止线和剖面线画法如图 5-6（b）、（c）所示。

（2）内螺纹的画法　内螺纹通常采用剖视图表达，在不反映圆的视图中，大径用细实线

图 5-6 外螺纹画法

表示，小径和螺纹终止线用粗实线表示，且小径取大径的 0.85 倍，注意剖面线应画到粗实线；若是盲孔，终止线到孔的末端的距离可按 0.5 倍大径绘制；在反映圆的视图中，大径用约 3/4 圈的细实线圆弧绘制，孔口倒角圆不画，如图 5-7（a）、（b）所示。当螺孔相交时，其相贯线的画法如图 5-7（c）所示。当螺纹的投影不可见时，所有图线均画成细虚线，如图 5-7（d）所示。

图 5-7 内螺纹的画法

（3）内、外螺纹旋合的画法 只有当内、外螺纹的五项基本要素相同时，内、外螺纹才能进行连接。用剖视图表示螺纹连接时，旋合部分按外螺纹的画法绘制，未旋合部分按各自原有的画法绘制。如图 5-8、图 5-9 所示。画图时必须注意：表示内、外螺纹大径的细实线和粗实线，以及表示内、外螺纹小径的粗实线和细实线应分别对齐；在剖切平面通过螺纹轴线的剖视图中，实心螺杆按不剖绘制。

（4）螺纹牙型的表示法 螺纹的牙型一般不需要在图形中画出，当需要表示螺纹的牙型

图 5-8　内、外螺纹旋合画法（一）

图 5-9　内、外螺纹旋合画法（二）

时，可按图 5-10 的形式绘制。

(a)外螺纹局部剖　　　　(b)内螺纹全剖　　　　(c)局部放大图

图 5-10　螺纹牙型的表示法

（5）圆锥螺纹画法　具有圆锥螺纹的零件，其螺纹部分在投影为圆的视图中，只需画出一端螺纹视图，如图 5-11 所示。

(a)外螺纹　　　　　　　　　　　　(b)内螺纹

图 5-11　圆锥螺纹的画法

## 三、识读螺纹标记

螺纹的规定画法不能表达螺纹的种类及参数，为了区别不同形式和尺寸的螺纹，应在图样上按国家标准规定的格式和相应的代号进行标注。标准螺纹的完整标记如下：

　　特征代号　公称直径×螺距旋向—螺纹公差带代号—旋合长度代号

例如：

**1. 普通螺纹**

普通螺纹用尺寸标注形式注在内、外螺纹的大径上，其标注的具体项目和格式如下：

　　螺纹代号　公称直径×螺距旋向—中径公差带代号　顶径公差带代号—旋合长度代号

普通螺纹的螺纹代号用字母"M"表示。

普通粗牙螺纹不必标注螺距，普通细牙螺纹必须标注螺距。公称直径、导程和螺距数值的单位为 mm。

右旋螺纹不必标注，左旋螺纹应标注字母"LH"。

中径公差带代号和顶径公差带代号由表示公差等级的数字和字母组成。大写字母代表内螺纹，小写字母代表外螺纹。顶径是指外螺纹的大径和内螺纹的小径，若两组公差带相同，则只写一组。表示内、外螺纹旋合时，内螺纹公差带在前，外螺纹公差带在后，中间用"/"分开。在特定情况下，中等公差精度螺纹不注公差带代号（内螺纹：5H，公称直径小于或等于 1.4mm 时；6H，公称直径大于或等于 1.6mm 时。外螺纹：5h，公称直径小于或等于 1.4mm 时；6h，公称直径大于或等于 1.6mm 时。）

普通螺纹的旋合长度分为短、中、长三组，其代号分别是 S、N、L。若是中等旋合长度，其旋合代号 N 可省略。

图 5-12 所示为普通螺纹标注示例。

图 5-12　普通螺纹标注示例

**2. 传动螺纹**

传动螺纹主要指梯形螺纹和锯齿形螺纹，它们也用尺寸标注形式，注在内外螺纹的大径上，其标注的具体项目及格式如下：

　　螺纹代号 公称直径×导程（P 螺距）旋向—中径公差带代号—旋合长度代号

梯形螺纹的螺纹代号用字母"Tr"表示，锯齿形螺纹的特征代号用字母"B"表示。

多线螺纹标注导程与螺距，单线螺纹只标注螺距。

右旋螺纹不标注代号，左旋螺纹标注字母"LH"。

传动螺纹只注中径公差带代号。

旋合长度只注"S"（短）、"L"（长），中等旋合长度代号"N"省略标注。

图 5-13 所示为传动螺纹标注示例。

图 5-13 传动螺纹标注示例

### 3. 管螺纹

管螺纹的标记必须标注在大径的引出线上。常用的管螺纹分为螺纹密封的管螺纹和非螺纹密封的管螺纹。这里要注意，管螺纹的尺寸代号并不是指螺纹大径，也不是管螺纹本身任何一个直径，其大径和小径等参数可从有关标准中查出。

管螺纹标注的具体项目及格式如下：

螺纹密封管螺纹代号：螺纹特征代号　尺寸代号×旋向代号

非螺纹密封管螺纹代号：螺纹特征代号　尺寸代号　公差等级代号—旋向代号

螺纹密封螺纹又分为：与圆柱内螺纹相配合的圆锥外螺纹，特征代号是 R1；与圆锥内螺纹相配合的圆锥外螺纹，特征代号为 R2；圆锥内螺纹，特征代号是 Rc；圆柱内螺纹，特征代号是 Rp。旋向代号只注左旋"LH"。

非螺纹密封管螺纹的特征代号是 G。它的公差等级代号分 A、B 两个精度等级。外螺纹需注明，内螺纹不注此项代号。右旋螺纹不注旋向代号，左旋螺纹标"LH"。

图 5-14 所示为管螺纹标注示例。

图 5-14 管螺纹的标注

标准螺纹的标注示例见表 5-2 所示。

表 5-2　螺纹的标注及示例

| 螺纹种类 | | 标注示例 | 图　例 | 标注说明 |
|---|---|---|---|---|
| 普通螺纹 | | M20—5g6g—S | | 粗牙普通螺纹，公称直径 20mm，螺距 1.5mm，中径公差代号为 5g，顶径公差带代号为 6g，右旋，短旋合长度 |
| | | M12×1.5—6h | | 细牙普通螺纹公称直径 12mm，螺距 1.5mm，中、顶径公差带代号均为 6h，右旋 |
| 梯形螺纹 | | Tr40×14(P7) LH—8e—L | | 梯形螺纹，公称直径 40mm，导程 14mm，螺距 7mm，左旋，中径公差带代号均为 8e，长旋合长度 |
| 55°密封管螺纹 | 圆柱管螺纹 | Rp½ | | Rp 为圆柱内螺纹 |
| | 圆锥管螺纹 | R1½ | | R1 为与圆柱内螺纹相配合的圆锥外螺纹 |
| 锯齿形螺纹 | | B40×7LH—8c | | 锯齿形螺纹，大径 40mm，单线，螺距 7mm，中径公差带代号为 8c，左旋 |
| 非标准螺纹 | | | | 非标准螺纹应画出螺纹的牙型，并注出所需的尺寸及有关要求 |

# 第二节 螺纹紧固件

## 一、常用螺纹紧固件的种类和标记

常用螺纹紧固件有螺栓、双头螺柱、螺钉、螺母和垫圈，如图 5-15 所示。它们的结构、尺寸都已分别标准化，称为标准件，使用或绘图时，可以从相应标准中查到所需的结构尺寸。

六角头螺栓　　　　　　　　　　　　　　　　双头螺柱

六角螺母　　六角开槽螺母　　垫圈　　弹簧垫圈　　圆螺母用止动垫圈　　圆螺母

内六角圆柱头螺钉　　　开槽圆柱头螺钉　　　开槽沉头螺钉　　　开槽锥端紧定螺钉

图 5-15　常用螺纹紧固件

表 5-3 中列出了常用螺纹紧固件的种类与标记。

表 5-3　常用螺纹紧固件的规定标记

| 名　　称 | 规定标记示例 | 名　　称 | 规定标记示例 |
|---|---|---|---|
| 六角头螺栓 | 螺栓<br>GB/T 5780—2000<br>M12×50 | 开槽圆柱头螺钉 | 螺钉<br>GB/T 65—1985<br>M12×50 |
| 双头螺柱 A 型 | 螺柱<br>GB/T 897—1988<br>AM12×50 | 开槽沉头螺钉 | 螺钉<br>GB/T 68—2000<br>M12×50 |

| 名 称 | 规定标记示例 | 名 称 | 规定标记示例 |
|---|---|---|---|
| 开槽锥端紧定螺钉 | 螺钉<br>GB/T 71—1985<br>M12×50—14H | 1型六角开槽螺母 | 螺母<br>GB/T 6178—1986<br>M16 |
| 内六角圆柱头螺钉 | 螺钉<br>GB/T 70.1—2000<br>M12×50 | 垫圈 | 垫圈<br>GB/T 97.1—2002—16 |
| 1型六角螺母—C级 | 螺母<br>GB/T 41—2000<br>M16 | 标准型弹簧垫圈 | 垫圈<br>GB/T 93—1987—16 |

**1. 螺栓**

螺栓由头部及杆部两部分组成，头部形状以六角形的应用最广。决定螺栓的规格尺寸为螺纹公称直径 $d$ 及螺栓长度 $L$，选定一种螺栓后，其他各部分尺寸可根据有关标准查得。

螺栓的标记形式：名称　标准代号　特征代号　公称直径×公称长度

例：螺栓 GB/T 5782—2000 M12×80，是指公称直径 $d=12$，公称长度 $L=80$（不包括头部）的螺栓。

**2. 双头螺柱**

双头螺柱的两头制有螺纹，一端旋入被连接件的预制螺孔中，称为旋入端；另一端与螺母旋合，紧固另一个被连接件，称为紧固端。双头螺柱的规格尺寸为螺柱直径 $d$ 及紧固端长度 $L$，其他各部分尺寸可根据有关标准查得。

双头螺柱的标记形式：名称　标准代号　特征代号　公称直径×公称长度

例：螺柱 GB/T 898—1988 M10×50，是指公称直径 $d=10$，公称长度 $L=50$（不包括旋入端）的双头螺柱。

**3. 螺母**

螺母通常与螺栓或螺柱配合着使用，起连接作用，以六角螺母应用最广。螺母的规格尺寸为螺纹公称直径 $D$，选定一种螺母后，其各部分尺寸可根据有关标准查得。

螺母的标记形式：名称　标准代号　特征代号　公称直径

例：螺母 GB/T 6170—2000 M12，指螺纹规格 $D=$ M12 的螺母。

**4. 垫圈**

垫圈通常垫在螺母和被连接件之间，目的是增加螺母与被连接零件之间的接触面，保护被连接件的表面不致因拧螺母而被刮伤。垫圈分为平垫圈和弹簧垫圈，弹簧垫圈还可以防止因振动而引起的螺母松动。选择垫圈的规格尺寸为螺栓直径 $d$，垫圈选定后，其各部分尺寸可根据有关标准查得。

平垫圈的标记形式：名称　标准代号　规格尺寸—性能等级

弹簧垫圈的标记形式：名称　标准代号　规格尺寸

例：垫圈 GB/T 97.1—1985 16—140HV，指规格尺寸 $d=16$，性能等级为 140HV 的平垫圈。垫圈 GB/T 93—1987 20，指规格尺寸为 $d=20$ 的弹簧垫圈。

5. 螺钉

螺钉按使用性质可分为连接螺钉和紧定螺钉两种，连接螺钉的一端为螺纹，另一端为头部。紧定螺钉主要用于防止两相配零件之间发生相对运动的场合。螺钉规格尺寸为螺钉直径 $d$ 及长度 $L$，可根据需要从标准中选用。

螺钉的标记形式：名称　标准代号　特征代号　公称直径×公称长度

例：螺钉 GB/T65—2000 M10×40，是指公称直径 $d=10$，公称长度 $L=40$（不包括头部）的螺钉。

## 二、常用螺纹紧固件及连接图画法

### 1. 螺栓连接

螺栓用来连接两个不太厚并能钻成通孔的零件，并与垫圈、螺母配合进行连接。如图 5-16 所示。

（1）螺栓连接中的紧固件画法　螺栓连接的紧固件有螺栓、螺母和垫圈。紧固件一般用比例画法绘制。所谓比例画法就是以螺栓上螺纹的公称直径为主要参数，其余各部分结构尺寸均按与公称直径成一定比例关系绘制。

图 5-16　螺栓连接

尺寸比例关系如下（图 5-17）：

螺栓：$d$、$L$（根据要求确定）

$d_1 \approx 0.85d$　$b \approx 2d$　$e=2d$　$R_1=d$　$R=1.5d$　$k=0.7d$　$c=0.1d$

螺母：$D$（根据要求确定）$m=0.8d$　其他尺寸与螺栓头部相同。

垫圈：$d_2=2.2d$　$d_1=1.1d$　$d_3=1.5d$　$h=0.15d$　$s=0.2d$　$n=0.12d$

（2）螺栓连接的画法　用比例画法画螺栓连接的装配图时，应注意以下几点：

① 两零件的接触表面只画一条线，并不得加粗。凡不接触的表面，不论间隙大小，都应画出间隙（如螺栓和孔之间应画出间隙）。

② 剖切平面通过螺栓轴线时，螺栓、螺母、垫圈可按不剖绘制，仍画外形。必要时，可采用局部剖视。

③ 两零件相邻接时，不同零件的剖面线方向应相反，或者方向一致而间隔不等。

④ 螺栓长度 $L \geq t_1+t_2+$垫圈厚度＋螺母厚度＋$(0.2 \sim 0.3)d$，根据上式的估计值，然后选取与估算值相近的标准长度值作为 $L$ 值。

⑤ 被连接件上加工的螺栓孔直径稍大于螺栓直径，取 $1.1d$。

螺栓连接的比例画法如图 5-18 所示。

### 2. 螺柱连接

当两个被连接件中有一个很厚，或者不适合用螺栓连接时，常用双头螺柱连接。双头螺柱两端均加工有螺纹，一端与被连接件旋合，另一端与螺母旋合，如图 5-19（a）所示。用比例画法绘制双头螺柱的装配图时应注意以下几点：

（1）旋入端的螺纹终止线应与结合面平齐，表示旋入端已经拧紧。

(a) 六角头螺栓的比例画法

(b) 六角螺母的比例画法      (c) 垫圈的比例画法

图 5-17　螺栓、螺母、垫圈的比例画法

图 5-18　螺栓连接图

图 5-19　双头螺柱连接图

（2）旋入端的长度 $b_m$ 要根据被旋入件的材料而定，被旋入端的材料为钢时，$b_m=1d$；被旋入端的材料为铸铁或铜时，$b_m=1.25d\sim1.5d$；被连接件为铝合金等轻金属时，取 $b_m=2d$。

（3）旋入端的螺孔深度取 $b_m+0.5d$，钻孔深度取 $b_m+d$，如图 5-19（b）所示。

（4）螺柱的公称长度 $L\geqslant\delta+$垫圈厚度+螺母厚度+（0.2～0.3）$d$，然后选取与估算值相近的标准长度值作为 $L$ 值。

双头螺柱连接的比例画法如图 5-19（b）所示。

**3. 螺钉连接**

螺钉连接一般用于受力不大又不需要经常拆卸的场合，如图 5-20 示。

用比例画法绘制螺钉连接，其旋入端与螺柱相同，被连接板的孔部画法与螺栓相同，被连接板的孔径取 $1.1d$。螺钉的有效长度 $L=\delta+b_m$，并根据标准校正。画图时注意以下两点：

（1）螺钉的螺纹终止线不能与结合面平齐，而应画在盖板的范围内。

（2）具有沟槽的螺钉头部，在主视图中应被放正，在俯视图中规定画成 45°倾斜。螺钉连接的比例画法如图 5-21 所示。

图 5-20　螺钉连接图

图 5-21　螺钉连接的比例画法

螺钉的种类很多，图 5-22 为常用几种螺钉连接的简化画法。

(a)开槽盘头螺钉　　　　(b)内六角圆柱头螺钉　　　　(c)开槽沉头螺钉

图 5-22　常见几种螺钉连接的简化画法

　　另外，在机器上还经常使用紧定螺钉，用了固定轴上零件，用于受力不大场合防止零件周向转动或轴向移动。图 5-23 为开槽锥端紧定螺钉限定轮和轴的相对位置，使之不能发生相对移动，图 5-23（a）表示零件图上螺钉和锥孔的画法，图 5-23（b）表示装配图上的画法。

　　在螺纹连接中，为防止螺母松动，经常要采用防松装置，最常见的是双螺母、弹簧垫圈和开口销防松。如图 5-24 所示。

紧定螺钉

轴　　轮

(a)　　　　　　　　　　　　(b)

图 5-23　紧定螺钉连接的画法　　　　　图 5-24　螺纹连接的
　　　　　　　　　　　　　　　　　　　　　　　防松装置的画法

## 第三节 键连接、销连接

键主要用于轴和轴上零件（如齿轮、带轮）之间的周向连接，以传递扭矩和运动。销主要用于零件之间的定位。

### 一、键连接

1. 键连接的作用和种类

键主要用于轴和轴上的零件（如带轮、齿轮等）之间的连接，起着传递扭矩的作用。如图 5-25 所示，将键嵌入轴上的键槽中，再将带有键槽的齿轮装在轴上，当轴转动时，因为键的存在，齿轮就与轴同步转动，达到传递动力的目的。键的种类很多，常用的有普通平键、半圆键和钩头楔键三种。

2. 键的种类

常用的键有普通平键、半圆键、钩头楔键、花键等，如图 5-26 所示。

3. 普通平键的种类和标记

普通平键根据其头部结构的不同可以分为圆头普通平键（A 型）、平头普通平键（B 型）和单圆头普通平键（C 型）三种型式，如图 5-27 所示。

图 5-25 键连接

| 普通平键 | 半圆键 | 钩头楔键 | 花键 |

图 5-26 常用键

(a) A 型　　　　(b) B 型　　　　(c) C 型

图 5-27 普通平键的型式

普通平键的标记格式和内容为：标准代号　键型式代号　宽度×长度，其中 A 型可省略型式代号。例如：宽度 $b=18$mm，高度 $h=11$mm，长度 $L=100$mm 的圆头普通平键（A 型），其标记是：GB 1096—2003　键 $18\times11\times100$。宽度 $b=18$mm，高度 $h=11$mm，长度

$L = 100mm$ 的平头普通平键（B 型），其标记是：GB 1096—2003　键 B18×11×100。宽度 $b = 18mm$，高度 $h = 11mm$，长度 $L = 100mm$ 的单圆头普通平键（C 型），其标记是：GB 1096—2003　键 C18×11×100。

**4. 普通平键、半圆键及钩头楔键的连接画法**

采用普通平键连接时，键的长度 $L$ 和宽度 $b$ 要根据轴的直径 $d$ 和传递的扭矩大小从标准中选取适当值。轴和轮毂上的键槽的表达方法及尺寸如图 5-28 所示。在装配图上，普通平键的连接画法如图 5-29 所示。

图 5-28　轴和轮毂上的键槽

图 5-29　普通平键的连接画法

平键和半圆键的侧面是工作面，两侧面应与轴和轮毂接触，底面与轴接触，在其连接画法中均只画一条线；而键的顶面与轮毂孔键槽顶面之间有间隙，应画两条线，如图 5-30 所示。

钩头楔键因其顶面与轮毂孔键槽顶面之间没有间隙，其连接画法中只画一条线，如图 5-31 所示。

图 5-30　半圆键的规定画法

图 5-31　钩头楔键的规定画法

## 5. 花键的画法

花键 [图 5-32 （a）] 可传递更大的扭矩，分为矩形花键和渐开线花键，矩形花键应用最广。

外花键的规定画法如图 5-32 （b） 所示。大径用粗实线，小径用细实线，工作长度终止线和尾部长度的末端均用细实线绘制，小径尾部则画成与轴线成 30° 的斜线。垂直于轴线的视图采用剖视图，画出一部分或全部齿形。

内花键的规定画法如图 5-32 （c） 所示。在平行于轴线的投影面上采用剖视图，大径、小径均用粗实线绘制，并用局部视图画出一部分或全部齿形。

图 5-32 花键的规定画法

花键连接一般用剖视图，其连接部分按外花键绘制，如图 5-33 所示。

图 5-33 花键连接的规定画法

## 二、销连接

销主要用来固定零件之间的相对位置，起定位作用，也可用于轴与轮毂的连接，传递不大的载荷，还可作为安全装置中的过载剪断元件。销的常用材料为 35、45 钢。

销有圆柱销和圆锥销两种基本类型，这两类销均已标准化。圆柱销利用微量过盈固定在销孔中，经过多次装拆后，连接的紧固性及精度降低，故只宜用于不常拆卸处。圆锥销有1∶50的锥度，装拆比圆柱销方便，多次装拆对连接的紧固性及定位精度影响较小，因此应用广泛。

销连接的画法如图 5-34 所示。

图 5-35 为开口销和槽型螺母防松装置的立体图和装配图的画法。

(a) 圆柱销连接　　　(b) 圆锥销连接

图 5-34　销连接的画法　　　　　　　　图 5-35　开口销和槽型螺母连接的画法

表 5-4 中列出了圆柱销和圆锥销的形式与标记。

**表 5-4　销的名称、型式、规定标记及连接画法**

| 名称 | 型　式 | 标记示例 | 连接画法 |
|---|---|---|---|
| 圆柱销 |  | 销　GB/T 119.1—2000　6m6×50<br>公称直径 6mm，公称长度 50mm，公差为 m6，不经淬火，不经表面处理的圆柱销 |  |
| 圆锥销 |  | 销　GB/T 117—2000　10×80<br>公称直径 10mm，公称长度 80mm，A型圆锥销 |  |
| 开口销 |  | 销　GB/T 91—2000　3×20<br>销孔直径 6mm，公称长度 20mm |  |

## 第四节 齿 轮

齿轮是机器设备中应用十分广泛的传动零件，用来传递运动和动力，改变轴的旋向和转速。常见的传动齿轮有三种：圆柱齿轮传动——用于两平行轴间的传动；圆锥齿轮传动——用于两相交轴间的传动；蜗杆蜗轮传动——用于两交错轴间的传动。如图 5-36 所示。

(a) 圆柱齿轮　　　　　(b) 圆锥齿轮　　　　　(c) 蜗杆蜗轮

图 5-36　齿轮传动形式

圆柱齿轮按轮齿方向的不同，可分为直齿、斜齿和人字齿轮等。如图 5-37 所示。

直齿圆柱齿轮一般由轮齿、齿盘、轮辐和轮毂等组成。如图 5-38 所示。

(a) 直齿轮　　　　(b) 斜齿轮　　　　(c) 人字齿轮

图 5-37　圆柱齿轮

图 5-38　齿轮结构

## 一、直齿圆柱齿轮

**1. 直齿圆柱齿轮各部分的名称及参数**

直齿圆柱齿轮各部分的名称及参数如图 5-39 所示。

（1）齿数 $z$　齿轮上轮齿的个数。

（2）齿顶圆直径 $d_a$　通过齿顶的圆柱面直径。

（3）齿根圆直径 $d_f$　通过齿根的圆柱面直径。

（4）分度圆直径 $d$　分度圆直径是齿轮设计和加工时的重要参数。分度圆是一个假想的圆，在该圆上齿厚 $s$ 与槽宽 $e$ 相等，它的直径称为分度圆直径。

（5）齿高 $h$　齿顶圆和齿根圆之间的径向距离。

（6）齿顶高 $h_a$　齿顶圆和分度圆之间的径向距离。

图 5-39　直齿圆柱齿轮各部分名称和代号

（7）齿根高 $h_f$　分度圆与齿根圆之间的径向距离。

（8）齿距 $p$　在分度圆上，相邻两齿对应齿廓之间的弧长。

（9）齿厚 $s$　在分度圆上，一个齿的两侧对应齿廓之间的弧长。

（10）槽宽 $e$　在分度圆上，一个齿槽的两侧相应齿廓之间的弧长。

（11）模数 $m$　由于分度圆的周长 $\pi d = p \cdot z$，所以 $d = \dfrac{p}{\pi} \cdot z$，$\dfrac{p}{\pi}$ 就称为齿轮的模数。

模数以 mm 为单位，它是齿轮设计和制造的重要参数。为便于齿轮的设计和制造，减少齿轮成形刀具的规格及数量，国家标准对模数规定了标准值。

（12）压力角 $\alpha$　相互啮合的一对齿轮，其受力方向（齿廓曲线的公法线方向）与运动方向之间所夹的锐角，称为压力角。同一齿廓的不同点上的压力角是不同的，在分度圆上的压力角，称为标准压力角。国家标准规定，标准压力角为 $20°$。

（13）中心距 $a$　两啮合齿轮轴线之间的距离。

**2. 直齿圆柱齿轮的尺寸计算**

在已知模数 $m$ 和齿数 $z$ 时，齿轮轮齿的其他参数均可按表 5-5 里的公式计算出来。

表 5-5　标准直齿圆柱齿轮各基本尺寸计算公式

| 基本参数：模数 $m$ 和齿数 $z$ | | | |
|---|---|---|---|
| 序　号 | 名　称 | 代　号 | 计算公式 |
| 1 | 齿距 | $p$ | $p = \pi m$ |
| 2 | 齿顶高 | $h_a$ | $h_a = m$ |
| 3 | 齿根高 | $h_f$ | $h_f = 1.25m$ |
| 4 | 齿高 | $h$ | $h = 2.25m$ |
| 5 | 分度圆直径 | $d$ | $d = mz$ |
| 6 | 齿顶圆直径 | $d_a$ | $d_a = m(z+2)$ |
| 7 | 齿根圆直径 | $d_f$ | $d_f = m(z-2.5)$ |
| 8 | 中心距 | $a$ | $a = m(z_1 + z_2)/2$ |

**3. 圆柱齿轮的规定画法**

（1）单个齿轮的画法　单个齿轮一般用两个视图表示。国家标准规定齿顶圆和齿顶线用粗实线绘制，分度圆和分度线用细点画线表示，齿根圆和齿根线用细实线绘制（也可以省略不画）。在剖视图中，齿根线用粗实线绘制，并不能省略。当剖切平面通过齿轮轴线时，轮齿一律按不剖绘制。单个齿轮的画法如图5-40所示。

图 5-40　单个圆柱齿轮的画法

图 5-41　圆柱齿轮的啮合画法

（2）一对齿轮啮合的画法　一对齿轮的啮合图，一般可以采用两个视图表达，在垂直于圆柱齿轮轴线的投影面的视图中（反映为圆的视图），啮合区内的齿顶圆均用粗实线绘制，分度圆相切，如图5-41（a）所示。也可用省略画法，如图5-41（b）所示。在不反映圆的视图上，啮合区的齿顶线不需画出，分度线用粗实线绘制，如图5-41（c）所示。采用剖视图表达时，在啮合区内将一个齿轮的齿顶线用粗实线绘制，另一个齿轮的轮齿被遮挡，其齿顶线用虚线绘制，如图5-41（a）、图5-42所示。

图 5-42　轮齿啮合区在剖视图中的画法

## 二、直齿圆锥齿轮

### 1. 直齿圆锥齿轮各部分的名称

由于圆锥齿轮的轮齿加工在圆锥面上，所以圆锥齿轮在齿宽范围内有大、小端之分，如图5-43（a）所示。为了计算和制造方便，国家标准规定以大端为准。在圆锥齿轮上，

(a)            (b)

图 5-43　圆锥齿轮各部分名称

有关的名称和术语有：齿顶圆锥面（顶锥）、齿根圆锥面（根锥）、分度圆锥面（分锥）、背锥面（背锥）、前锥面（前锥）、分度圆锥角 $\delta$、齿高 $h$、齿顶高 $h_a$ 及齿根高 $h_f$ 等，如图 5-43（b）所示。

  2. 直齿圆锥齿轮的画法

（1）单个圆锥齿轮画法　单个圆锥齿轮画法如图 5-44 所示。

（2）圆锥齿轮的啮合图画法　圆锥齿轮的啮合图画法如图 5-45 所示。

(a)            (b)

(c)            (d)

图 5-44　单个圆锥齿轮的画图步骤

图 5-45　圆锥齿轮啮合图的画法

## 三、蜗杆、蜗轮

**1. 蜗杆的规定画法**

蜗杆的形状如梯形螺杆，轴向剖面齿形为梯形，顶角为 40°，一般用一个视图表达。它的齿顶线、分度线、齿根线画法与圆柱齿轮相同，牙型可用局部剖视或局部放大图画出。具体画法如图 5-46 所示。

图 5-46　蜗杆的规定画法

**2. 蜗轮的规定画法**

蜗轮的画法与圆柱齿轮基本相同，如图 5-47 所示。在投影为圆的视图中，轮齿部分只需画出分度圆和齿顶圆，其他圆可省略不画，其他结构形状按投影绘制。

图 5-47　蜗轮的规定画法

**3. 蜗杆、蜗轮的啮合画法**

蜗杆、蜗轮的啮合画法，如图 5-48 所示。在主视图中，蜗轮被蜗杆遮住的部分不必画出。在左视图中蜗轮的分度圆与蜗杆的分度线应相切。

图 5-48  蜗杆、蜗轮的啮合画法

4. 齿轮、齿条的合画法

齿轮、齿条的啮合画法，如图 5-49 所示，可以把齿条看成一个直径无穷大的齿轮，因此，齿条的顶圆、分度圆、齿根圆的齿廓都是直线。画法与两圆柱齿轮的啮合画法相同。

节圆与节线相切

图 5-49  齿轮、齿条的啮合画法

# 第五节  滚 动 轴 承

滚动轴承是用来支承旋转轴的部件，结构紧凑，摩擦阻力小，能在较大的载荷、较高的转速下工作，转动精度较高，在工业中应用十分广泛。滚动轴承的结构及尺寸已经标准化，由专业厂家生产，选用时可查阅有关标准。

## 一、滚动轴承的结构和类型

滚动轴承的结构一般由四部分组成，如图 5-50 所示。

外圈——装在机体或轴承座内，一般固定不动。

内圈——装在轴上，与轴紧密配合且随轴转动。

滚动体——装在内外圈之间的滚道中，有滚珠、滚柱、滚锥等类型。

(a) 深沟球轴承　　　　　　　(b) 推力球轴承　　　　　　　(c) 圆锥滚子轴承

图 5-50　滚动轴承的结构

保持架——用来均匀分隔滚动体,防止滚动体之间相互摩擦与碰撞。

滚动轴承按承受载荷的方向可分为以下三种类型:

向心轴承——主要承受径向载荷,常用的向心轴承如深沟球轴承。

推力轴承——只承受轴向载荷,常用的推力轴承如推力球轴承。

向心推力轴承——同时承受轴向和径向载荷,常用的如圆锥滚子轴承。

## 二、滚动轴承的代号

滚动轴承的代号一般打印在轴承的端面上,由基本代号、前置代号和后置代号三部分组成,排列顺序如下:

前置代号　基本代号　后置代号

1. 基本代号

基本代号表示滚动轴承的基本类型、结构及尺寸,是滚动轴承代号的基础。基本代号由轴承类型代号、尺寸系列代号和内径代号构成(滚针轴承除外),其排列顺序如下:

类型代号　尺寸系列代号　内径代号

(1) 类型代号　轴承类型代号用阿拉伯数字或大写拉丁字母表示,其含义见表5-6。

表 5-6　轴承类型代号

| 代号 | 0 | 1 | 2 | 3 | 4 | 5 | 6 | 7 | 8 | N | U | QJ |
|------|---|---|---|---|---|---|---|---|---|---|---|----|
| 轴承类型 | 双列角接触球轴承 | 调心球轴承 | 调心滚子轴承 | 推力调心滚子轴承 | 圆柱滚子轴承 | 双列深沟球轴承 | 深沟球轴承 | 角接触球轴承 | 推力圆柱滚子轴承 | 圆柱滚子轴承 | 外球面球轴承 | 四点接触球轴承 |

(2) 尺寸系列代号　尺寸系列代号由滚动轴承的宽(高)度系列代号和直径系列代号组合而成,用两位数字表示。它主要用来区别内径相同而宽(高)度和外径不同的轴承。详细情况请查阅有关标准。

(3) 内径代号　内径代号表示轴承的公称内径,其为两位数字。内径代号为00、01、02、03时,分别表示的轴承公称内径为 10mm、12mm、15mm、17mm;在代号数字为04～96时,轴承的公称内径等于代号数字乘5。

2. 前置代号和后置代号

前置代号和后置代号是轴承在结构形状、尺寸、公差、技术要求等有改变时,在其基本代号左、右添加补充代号。具体情况可查阅有关的国家标准。

例：

2　32　08
└─ 轴承内径 $d=8×5=40$mm
└── 尺寸系列为特宽轻窄型
└──── 调心滚子轴承

轴承代号标记示例：

6208——第一位数 6 表示类型代号，为深沟球轴承。第二位数 2 表示尺寸系列代号，宽度系列代号 0 省略，直径系列代号为 2。后两位数 08 表示内径代号，$d=8×5=40$mm。

N2110——第一个字母 N 表示类型代号，为圆柱滚子轴承。第二、三两位数 21 表示尺寸系列代号，宽度系列代号为 2，直径系列代号为 1。后两位数 10 表示内径代号，内径 $d=10×5=50$mm。

### 三、滚动轴承的画法

国家标准 GB/T 4459.7—1998 对滚动轴承的画法作了统一规定，有简化画法和规定画法，简化画法又分为通用画法和特征画法两种。

1. 简化画法

用简化画法绘制滚动轴承时，应采用通用画法和特征画法。但在同一图样中，一般只采用其中的一种画法。

（1）通用画法　在剖视图中，当不需要确切地表示滚动轴承的外形轮廓、载荷特性、结构特征时，可用矩形线框以及位于线框中央正立的十字形符号来表示。矩形线框和十字形符号均用粗实线绘制，十字形符号不应与矩形线框接触。

（2）特征画法　在剖视图中，如果需要比较形象地表示滚动轴承的结构特征时，可采用在矩形线框内画出其结构要素符号的方法表示。特征画法的矩形线框、结构要素符号均用粗实线绘制。常用滚动轴承的特征画法的尺寸比例示例见表 5-7。

2. 规定画法

必要时，滚动轴承可采用规定画法绘制。采用规定画法绘制滚动轴承的剖视图时，轴承的滚动体不画剖面线，其各套圈等可画成方向和间隔相同的剖面线，滚动轴承的保持架及倒角等可省略不画。规定画法一般绘制在轴的一侧，另一侧按通用画法绘制。规定画法中各种符号、矩形线框和轮廓线均用粗实线绘制。其尺寸比例见表 5-7。

**表 5-7　轴承的规定画法和特征画法**

| 名称和标准号 | 查表主要参数 | 画　　法 | | |
|---|---|---|---|---|
| | | 轴承结构 | 规定画法 | 特征画法 |
| 深沟球轴承<br>GB/T 276—1994 | $D$<br>$d$<br>$B$ |  | | |

续表

| 名称和标准号 | 查表主要参数 | 画　　　法 | | |
|---|---|---|---|---|
| | | 轴承结构 | 规定画法 | 特征画法 |
| 圆锥滚子轴承<br>GB/T 297—1994 | $D$<br>$d$<br>$B$<br>$T$<br>$C$ | | | |
| 推力球轴承<br>GB/T 301—1994 | $D$<br>$d$<br>$T$ | | | |

# 第六节  弹　簧

弹簧是机械、电器设备中一种常用的零件，主要用于减震、夹紧、储存能量和测力等。

## 一、常见弹簧种类

弹簧的种类很多，使用较多的是圆柱螺旋弹簧，如图 5-51 所示。

(a) 压缩弹簧　　　　　　(b) 拉伸弹簧　　　　　　(c) 扭力弹簧

图 5-51　圆柱螺旋弹簧

## 二、圆柱螺旋压缩弹簧各部分的名称及尺寸计算

（1）簧丝直径 $d$　制造弹簧所用金属丝的直径。

（2）弹簧外径 $D$　弹簧的最大直径。

（3）弹簧内径 $D_1$　弹簧的内孔直径，即弹簧的最小直径，$D_1 = D - 2d$。

（4）弹簧中径 $D_2$　弹簧轴剖面内簧丝中心所在柱面的直径，即弹簧的平均直径，$D_2 = (D + D_1)/2 = D_1 + d = D - d$。

（5）有效圈数 $n$　保持相等节距且参与工作的圈数。

（6）支承圈数 $n_2$　为了使弹簧工作平衡，端面受力均匀，制造时将弹簧两端的 $\frac{3}{4}$ 至 $1\frac{1}{4}$ 圈压紧靠实，并磨出支承平面。这些圈主要起支承作用，所以称为支承圈。支承圈数 $n_2$ 表示两端支承圈数的总和。一般有 1.5、2、2.5 圈三种。

（7）总圈数 $n_1$　有效圈数和支承圈数的总和，即 $n_1 = n + n_2$。

（8）节距 $t$　相邻两有效圈上对应点间的轴向距离。

（9）自由高度 $H_0$　未受载荷作用时的弹簧高度（或长度），$H_0 = n_t + (n_2 - 0.5)d$。

（10）弹簧的展开长度 $L$　制造弹簧时所需的金属丝长度，$L \approx n_1 \sqrt{(\pi D_2)^2 + t^2}$。

（11）旋向　与螺旋线的旋向意义相同，分为左旋和右旋两种。

## 三、圆柱螺旋压缩弹簧的规定画法

### 1. 弹簧的画法

GB/T 4459.4—2003 对弹簧的画法作了如下规定：

（1）在平行于螺旋弹簧轴线的投影面的视图中，其各圈的轮廓应画成直线。

（2）有效圈数在 4 圈以上时，可以每端只画出 1~2 圈（支承圈除外），其余省略不画。

（3）螺旋弹簧均可画成右旋，但左旋弹簧不论画成左旋或右旋，均需注写旋向"左"字。

（4）螺旋压缩弹簧如要求两端并紧且磨平时，不论支承圈多少均按支承圈 2.5 圈绘制，必要时也可按支承圈的实际结构绘制。

弹簧的表示方法有剖视、视图和示意画法，如图 5-52 所示。

(a) 剖视　　　　　(b) 视图　　　　　(c) 示意图

图 5-52　圆柱螺旋压缩弹簧的表示法

圆柱螺旋压缩弹簧的画图步骤如图 5-53 所示。

图 5-53 圆柱螺旋压缩弹簧的画图步骤

### 2. 装配图中弹簧的简化画法

在装配图中，弹簧被看做实心物体，因此，被弹簧挡住的结构一般不画出。可见部分应画至弹簧的外轮廓或弹簧的中径处，如图 5-54（a）、（b）所示。当簧丝直径在图形上小于或等于 2mm 并被剖切时，其剖面可以涂黑表示，如图 5-54（b）所示。也可采用示意画法，如图 5-54（c）所示。

(a) 装配图中被弹簧遮挡处的画法　　(b) $d \leqslant 2mm$ 的断面画法　　(c) $d \leqslant 2mm$ 的示意画法

图 5-54 装配图中弹簧的画法

## 小　　结

1. 螺纹的基本要素包括牙型、直径（大径、小径、中径）、螺距和导程、线数、旋向等。

2. 螺纹的公称直径是指螺纹大径的基本尺寸。

3. 相邻两牙在中径线上对应两点间的轴向距离称为螺距，螺距用字母 $P$ 表示；同一螺旋线上的相邻两牙在中径线上对应两点间的轴向距离称为导程，导程用字母 $P_h$ 表示。线数 $n$、螺距 $P$ 和导程 $P_h$ 之间的关系为：$P_h = P \times n$。

4. 螺纹一般不按真实投影作图，而是采用机械制图国家标准规定的画法以简化作图过程。

5. 只有当内、外螺纹的五项基本要素相同时，内、外螺纹才能进行连接。用剖视图表示螺纹连接时，旋合部分按外螺纹的画法绘制，未旋合部分按各自原有的画法绘制。

6. 标准螺纹的完整标记如下：

特征代号　公称直径×螺距　旋向—螺纹公差带代号—旋合长度代号

7. 常用螺纹紧固件有螺栓、双头螺柱、螺钉、螺母和垫圈。它们的结构、尺寸都已分别标准化，称为标准件。

8. 双头螺柱的两头制有螺纹，一端旋入被连接件的预制螺孔中，称为旋入端；另一端与螺母旋合，紧固另一个被连接件，称为紧固端。

9. 螺栓用来连接两个不太厚并能钻成通孔的零件，并与垫圈、螺母配合进行连接。

10. 螺栓、双头螺柱、螺钉、螺母和垫圈及其连接的规定画法。

11. 螺钉连接一般用于受力不大又不需要经常拆卸的场合。用比例画法绘制螺钉连接，其旋入端与螺柱相同，被连接板的孔部画法与螺栓相同。

12. 键主要用于轴和轴上的零件（如带轮、齿轮等）之间的连接，起着传递扭矩的作用。

13. 常用的键有普通平键、半圆键、钩头楔键、花键等。

14. 各种键及其连接的规定画法。

15. 销连接的规定画法。

16. 圆柱齿轮、圆锥齿轮、蜗轮蜗杆的规定画法及啮合画法。

17. 滚动轴承的代号和规定画法。

18. 圆柱弹簧的规定画法和装配图中的简化画法。

# 第六章
# 零件图

**主要内容：**

1. 零件图的作用、内容、表达方式、尺寸标注
2. 零件视图选择的基本要求
3. 表面粗糙度的概念、代号及在图样上的标注方法
4. 极限和配合的基本术语及在图样上的标注方法
5. 形状和位置公差的基本概念和有关术语及在图样上的标注方法
6. 零件测绘的方法和步骤
7. 读零件图的要求、方法和步骤

**目的要求：**

1. 熟悉零件图的作用、内容视图的选择和尺寸标注方法
2. 掌握表面粗糙度代号的注法，能了解代号中各种符号和数字的含义
3. 掌握极限与配合代号在图样上的标注方法
4. 掌握形状和位置公差代号的标注方法，能了解代号中各种符号和数字的含义
5. 掌握读零件图的方法、步骤和简单零件的测绘

**教学重点：**

1. 零件的主视图选择
2. 尺寸标注
3. 零件图上极限与配合代号的标注和识读
4. 零件图上形状和位置公差代号的标注和识读
5. 典型零件的识读

**教学难点：**

1. 合理地选择基准，标注零件尺寸
2. 在零件图上极限与配合代号、表面形状和位置公差代号的正确书写
3. 读零件图能力的应用和进一步提高

## 第一节　零件图概述

### 一、零件图的作用

机器或部件都是由许多零件装配而成，制造机器或部件必须首先制造零件。如图 6-1 所示的 EQ6100 汽油发动机中的活塞连杆机构由 14 个零件装配而成。用来表示单个零件结构、大小和技术要求的图样，称为零件图。它是制造和检验零件的主要依据。

图 6-1　EQ6100 汽油发动机活塞连杆机构

图 6-2 所示的铣刀头是铣床上的一个部件，供装铣刀盘用。它是由座体、轴、端盖、带轮等十多种零件组成。图 6-3 所示即是其中座体的零件图。

图 6-2　铣刀头轴测图

图 6-3  铣刀头座体零件图

## 二、零件图的内容

零件图是生产中指导制造和检验该零件的主要图样，它不仅仅是把零件的内、外结构形状和大小表达清楚，还需要对零件的材料、加工、检验、测量提出必要的技术要求。零件图必须包含制造和检验零件的全部技术资料。因此，一张完整的零件图一般应包括以下几项内容。如图 6-3 所示。

1. 一组图形

用于正确、完整、清晰和简便地表达出零件内外形状的图形，其中包括机件的各种表达方法，如视图、剖视图、断面图、局部放大图和简化画法等。

2. 完整的尺寸

零件图中应正确、完整、清晰、合理地注出制造零件所需的全部尺寸。

3. 技术要求

零件图中必须用规定的代号、数字、字母和文字注解说明制造和检验零件时在技术指标上应达到的要求。如表面粗糙度，尺寸公差，形位公差，材料和热处理，检验方法以及其他特殊要求等。技术要求的文字一般注写在标题栏上方图纸空白处。

4. 标题栏

标题栏应配置在图框的右下角。它一般由更改区、签字区、其他区、名称以及代号区组成。填写的内容主要有零件的名称、材料、数量、比例、图样代号以及设计、审核、批准者的姓名、日期等。标题栏的尺寸和格式已经标准化，可参见有关标准。

### 三、零件视图的选择

零件视图的选择，应首先考虑看图方便。根据零件的结构特点，选用适当的表示方法。由于零件的结构形状是多种多样的，所以在画图前，应对零件进行结构形状分析，结合零件的工作位置和加工位置，选择最能反映零件形状特征的视图作为主视图，并选好其他视图，以确定一组最佳的表达方案。

选择表达方案的原则是：在完整、清晰地表示零件形状的前提下，力求制图简便。

**1. 零件分析**

零件分析是认识零件的过程，是确定零件表达方案的前提。零件的结构形状及其工作位置或加工位置不同，视图选择也往往不同。因此，在选择视图之前，应首先对零件进行形体分析和结构分析，并了解零件的工作和加工情况，以便确切地表达零件的结构形状，反映零件的设计和工艺要求。

**2. 主视图的选择**

主视图是表达零件形状最重要的视图，其选择是否合理将直接影响其他视图的选择和看图是否方便，甚至影响到画图时图幅的合理利用。一般来说，零件主视图的选择应满足"合理位置"和"形状特征"两个基本原则。

（1）合理位置原则　　所谓"合理位置"通常是指零件的加工位置和工作位置。

① 加工位置是零件在加工时所处的位置。主视图应尽量表示零件在机床上加工时所处的位置。这样在加工时可以直接进行图物对照，既便于看图和测量尺寸，又可减少差错。如轴套类零件的加工，大部分工序是在车床或磨床上进行，因此通常要按加工位置（即轴线水平放置）画其主视图，如图6-4所示。

图 6-4　轴类零件的加工位置

② 工作位置是零件在装配体中所处的位置。零件主视图的放置，应尽量与零件在机器或部件中的工作位置一致。这样便于根据装配关系来考虑零件的形状及有关尺寸，便于校对。对于工作位置歪斜放置的零件，因为不便于绘图，应将零件放正。

（2）形状特征原则　　确定了零件的安放位置后，还要确定主视图的投影方向。形状特征原则就是将最能反映零件形状特征的方向作为主视图的投影方向，即主视图要较多地反映零件各部分的形状及它们之间的相对位置，以满足表达零件清晰的要求。图6-5、图6-6所示分别是确定轴和机床尾架主视图投影方向的比较。由图可知，*A* 方向的表达效果显然比图 *B*

图 6-5　确定主视图投影方向的比较（一）

(a) A 投射方向　　　　　(b) B 投射方向　　　　　(c) 直观图

图 6-6　确定主视图投影方向的比较（二）

方向表达效果要好得多。

3. 选择其他视图

一般来讲，仅用一个主视图是不能完全反映零件的结构形状的，必须选择其他视图，包括剖视、断面、局部放大图和简化画法等各种表达方法。主视图确定后，对其表达未尽的部分，再选择其他视图予以完善表达。具体选用时，应注意以下几点：

（1）根据零件的复杂程度及内、外结构形状，全面地考虑还应需要的其他视图，使每个所选视图应具有独立存在的意义及明确的表达重点，注意避免不必要的细节重复，在明确表达零件的前提下，使视图数量为最少。

（2）优先考虑采用基本视图，当有内部结构时应尽量在基本视图上作剖视；对尚未表达清楚的局部结构和倾斜部分结构，可增加必要的局部（剖）视图和局部放大图；有关的视图应尽量保持直接投影关系，配置在相关视图附近。

（3）按照视图表达零件形状要正确、完整、清晰、简便的要求，进一步综合、比较、调整、完善，选出最佳的表达方案。

虽然零件的形状、用途多种多样，加工方法各不相同，但零件也有许多共同之处。根据零件在结构形状、表达方法上的某些共同特点，常将其分为四类：轴套类零件、轮盘类零件、叉架类零件和箱体类零件。

## 四、轴套类零件

1. 结构分析

轴套类零件的基本形状是同轴回转体。在轴上通常有键槽、销孔、螺纹退刀槽、倒圆等结构。此类零件主要是在车床或磨床上加工。如图 6-7 所示的铣刀头中的阶梯轴即属于轴套类零件。

图 6-7 铣刀头中阶梯轴的零件图

**2. 主视图选择**

这类零件的主视图按其加工位置选择，一般按水平位置放置。这样既可把各段形体的相对位置表示清楚，同时又能反映出轴上轴肩、退刀槽等结构。

**3. 其他视图的选择**

轴套类零件主要结构形状是回转体，一般只画一个主视图。确定了主视图后，由于轴上的各段形体的直径尺寸在其数字前加注符号"φ"表示，因此不必画出其左（或右）视图。对于零件上的键槽、孔等结构，一般可采用局部视图、局部剖视图、移出断面和局部放大图。如图 6-7 所示。

## 五、盘盖类零件

**1. 结构分析**

轮盘类零件包括端盖、阀盖、齿轮等，这类零件的基本形体一般为回转体或其他几何形状的扁平的盘状体，通常还带有各种形状的凸缘、均布的圆孔和肋等局部结构。轮盘类零件的作用主要是轴向定位、防尘和密封，如图 6-8 所示的轴承盖。

**2. 主视图选择**

轮盘类零件的毛坯有铸件或锻件，机械加工以车削为主，主视图一般按加工位置水平放置，但有些较复杂的盘盖，因加工工序较多，主视图也可按工作位置画出。为了表达零件内部结构，主视图常取全剖视。

3．其他视图的选择

轮盘类零件一般需要两个以上基本视图表达，除主视图外，为了表示零件上均布的孔、槽、肋、轮辐等结构，还需选用一个端面视图（左视图或右视图），如图6-8中所示就增加了一个左视图，以表达凸缘和三个均布的通孔。此外，为了表达细小结构，有时还常采用局部放大图。

图6-8 轴承盖零件图

## 六、叉架类零件

1．结构分析

叉架类零件一般有拨叉、连杆、支座等。此类零件常用倾斜或弯曲的结构连接零件的工作部分与安装部分。叉架类零件多为铸件或锻件，因而具有铸造圆角、凸台、凹坑等常见结构，图6-9所示踏脚座属于叉架类零件。

2．主视图选择

叉架类零件结构形状比较复杂，加工位置多变，有的零件工作位置也不固定，所以这类零件的主视图一般按工作位置原则和形状特征原则确定。如图6-9所示踏脚座零件图。

图 6-9　踏脚座零件图

**3. 其他视图的选择**

对其他视图的选择，常常需要两个或两个以上的基本视图，并且还要用适当的局部视图、断面图等表达方法来表达零件的局部结构。图 6-9 所示踏脚座零件图选择表达方案精练、清晰，对于表达轴承孔和肋的宽度来说右视图是没有必要的，而对 T 字形肋，采用移出断面比较合适。

### 七、箱体类零件

**1. 结构分析**

箱体类零件主要有阀体、泵体、减速器箱体等零件，其作用是支持或包容其他零件，如图 6-10 所示。这类零件有复杂的内腔和外形结构，并带有轴承孔、凸台、肋板，此外还有安装孔、螺孔等结构。

**2. 主视图选择**

由于箱体类零件加工工序较多，加工位置多变，所以在选择主视图时，主要根据工作位置原则和形状特征原则来考虑，并采用剖视，以重点反映其内部结构，如图 6-10 中的主视图所示。

**3. 其他视图的选择**

为了表达箱体类零件的内外结构，一般要用三个或三个以上的基本视图，并根据结构特点在基本视图上取剖视，还可采用局部视图、斜视图及规定画法等表达外形。在图 6-10 中，由于主视图上无对称面，采用了大范围的局部剖视来表达内外形状，并选用了 A—A 剖视，C—C 局部剖和密封槽处的局部放大图。

图 6-10　阀体零件图

# 第二节　零件图的尺寸标注与技术要求

　　零件图中的尺寸，不但要按前面的要求标注得正确、完整、清晰，而且必须标注得合理。为了合理地标注尺寸，必须对零件进行结构分析、形体分析和工艺分析，根据分析先确定尺寸基准，然后选择合理的标注形式，结合零件的具体情况标注尺寸。

　　零件的结构形状，主要是根据它在部件或机器中的作用决定的。但是制造工艺对零件的结构也有某些要求。

## 一、正确选择尺寸基准

　　零件图尺寸标注既要保证设计要求又要满足工艺要求，首先应当正确选择尺寸基准。所谓尺寸基准，就是指零件装配到机器上或在加工测量时，用以确定其位置的一些面、线或点。它可以是零件上对称平面、安装底平面、端面、零件的结合面、主要孔和轴的轴线等。

　　1. 选择尺寸基准的目的

　　一是为了确定零件在机器中的位置或零件上几何元素的位置，以符合设计要求；二是为了在制作零件时，确定测量尺寸的起点位置，便于加工和测量，以符合工艺要求。

　　2. 尺寸基准的分类

　　根据基准作用不同，一般将基准分为设计基准和工艺基准两类。

　　(1) 设计基准　根据零件结构特点和设计要求而选定的基准，称为设计基准。零件有长、宽、高三个方向，每个方向都要有一个设计基准，该基准又称为主要基准，如图 6-11（a）所示。对于轴套类和轮盘类零件，实际设计中经常采用的是轴向基准和径向基准，而不用长、宽、高基准，如图 6-11（b）所示。

(a) 叉架类零件

(b) 轴套类零件

图 6-11　零件的尺寸基准

（2）工艺基准　在加工时，确定零件装夹位置和刀具位置的一些基准以及检测时所使用的基准，称为工艺基准。工艺基准有时可能与设计基准重合，该基准不与设计基准重合时又称为辅助基准。零件同一方向有多个尺寸基准时，主要基准只有一个，其余均为辅助基准，辅助基准必有一个尺寸与主要基准相联系，该尺寸称为联系尺寸。如图 6-11（a）中的 40、11、30，图 6-11（b）中的 30、90。

3. 选择基准的原则

尽可能使设计基准与工艺基准一致，以减少两个基准不重合而引起的尺寸误差。当设计基准与工艺基准不一致时，应以保证设计要求为主，将重要尺寸从设计基准注出，次要基准从工艺基准注出，以便加工和测量。

## 二、合理选择标注尺寸应注意的问题

1. 结构上的重要尺寸必须直接注出

重要尺寸是指零件上对机器的使用性能和装配质量有关的尺寸，这类尺寸应从设计基准直接注出。如图 6-12 中的高度尺寸 32±0.01 为重要尺寸，应从高度方向主要基准直接注出，以保证精度要求。

图 6-12　重要尺寸从设计基准直接注出

**2. 避免出现封闭的尺寸链**

封闭的尺寸链是指一个零件同一方向上的尺寸像车链一样，一环扣一环首尾相连，成为封闭形状的情况。如图 6-13 所示，各分段尺寸与总体尺寸间形成封闭的尺寸链，在机器生产中这是不允许的，因为各段尺寸加工不可能绝对准确，总有一定尺寸误差，而各段尺寸误差的和不可能正好等于总体尺寸的误差。为此，在标注尺寸时，应将次要的轴段尺寸空出不注（称为开口环），如图 6-14（a）所

图 6-13　封闭的尺寸链

示。这样，其他各段加工的误差都积累至这个不要求检验的尺寸上，而全长及主要轴段的尺寸则因此得到保证。如需标注开口环的尺寸时，可将其注成参考尺寸，如图 6-14（b）所示。

图 6-14　开口环的确定

**3. 考虑零件加工、测量和制造的要求**

（1）考虑加工看图方便　不同加工方法所用尺寸分开标注，便于看图加工，如图 6-15 所示是把车削与铣削所需要的尺寸分开标注。

（2）考虑测量方便　尺寸标注有多种方案，但要注意所注尺寸是否便于测量，如图6-16 所示结构，两种不同标注方案中，不便于测量的标注方案是不合理的。

（3）考虑加工方便　根据加工要求标注尺寸。

图 6-15　按加工方法标注尺寸

图 6-16　考虑尺寸测量方便

## 三、零件上常见孔的尺寸注法

　　光孔、锪孔、沉孔和螺孔是零件图上常见的结构，它们的尺寸标注分为普通注法和旁注法。如表 6-1 所示。

表 6-1　常见孔的尺寸标注

| 类型 | 旁　注　法 | | 普通注法 | 说　　明 |
|---|---|---|---|---|
| 光孔 | 4×φ4深10 | 4×φ4深10 | 4×φ4 | 4×φ4 表示直径为 4mm，均匀分布的四个光孔 |
| | 4×φ4H7深10 孔深12 | 4×φ4H7深10 孔深12 | 4×φ4H7 | 钻孔深为 12mm，钻孔后需精加工至 $\phi 4 H7 \left( ^{+0.012}_{0} \right)$，深度为 10mm |

| 类型 | 旁注法 | 普通注法 | 说明 |
|---|---|---|---|
| 螺孔 | 3—M6—7H | 3—M6—7H | 3—M6—7H | 3—M6—7H 表示螺纹大径为 6mm,中径和顶径公差带代号为 7H,均匀分布的三个螺孔 |
| 螺孔 | 3—M6—7H深10 | 3—M6—7H深10 | 3—M6—7H | 深 10mm 是指不包括螺尾的螺纹深度 |
| 螺孔 | 3—M6—7H深10 孔深12 | 3—M6—7H深10 孔深12 | 3—M6—7H | 孔深 12 为钻孔深度,当需要注出钻孔深度时,应明确标出孔深尺寸 |
| 沉孔 | 6×φ7 沉孔φ13×90° | 6×φ7 沉孔φ13×90° | 90° φ13 6×φ7 | 锥形沉孔的直径 φ13 及 90°均需注出 |
| 沉孔 | 4×φ6.4 沉孔φ12深45 | 4×φ6.4 沉孔φ12深45 | φ12 4.5 4×φ6.4 | 柱形沉孔的直径 φ12mm 及深度 4.5mm 均需注出 |
| 沉孔 | 4×φ9 锪平φ20 | 4×φ9 锪平φ20 | φ20锪平 4×φ9 | 锪平 φ20 是指锪平的直径,其深度不需标注,一般锪平到不出现毛坯面为止 |

## 四、铸造工艺结构

### 1. 拔模斜度

用铸造方法制造零件的毛坯时,为了便于将木模从砂型中取出,一般沿木模拔模的方向作成约 1∶20 的斜度,叫做拔模斜度。因而铸件上也有相应的斜度,如图 6-17(a)所示。这种斜度在图上可以不标注,也可不画出,如图 6-17(b)所示。必要时,可在技术要求中注明。

### 2. 铸造圆角

在铸件毛坯各表面的相交处,都有铸造圆角,如图 6-18 所示。这样既便于起模,又能防止在浇铸时铁水将砂型转角处冲坏,还可避免铸件在冷却时产生裂纹或缩孔。铸造圆角半径在图上一般不注出，而写在技术要求中。铸件毛坯底面（作安装面）常需经切削加工，这时铸造圆角被削平，如图 6-18 所示。

图 6-17　拔模斜度　　　　　　　　　　　图 6-18　铸造圆角

铸件表面由于圆角的存在，使铸件表面的交线变得不很明显，如图 6-19 所示，这种不明显的交线称为过渡线。

图 6-19　过渡线及其画法

过渡线的画法与交线画法基本相同，只是过渡线的两端与圆角轮廓线之间应留有空隙。图 6-20 是常见的几种过渡线的画法。

**3. 铸件壁厚**

在浇铸零件时，为了避免各部分因冷却速度不同而产生缩孔或裂纹，铸件的壁厚应保持大致均匀，或采用渐变的方法，并尽量保持壁厚均匀，见图 6-21。

图 6-20　常见的几种过渡线

## 五、机械加工工艺结构

机械加工工艺结构主要有：倒圆、倒角、越程槽、退刀槽、凸台和凹坑、中心孔等。常见机械加工工艺结构的画法、尺寸标注见图 6-22～图 6-24、表 6-2。

**1. 倒角与倒圆**

为了去除零件在机械加工后的锐边和毛刺，常在轴孔的端部加工成 45°、0°、60° 的倒角，如图 6-22 所示，45° 倒角可用符号 "$C$" 表示，"$C2$" 表示 "$2 \times 45°$"，而 30°、60° 倒角

(a) 错误

(b) 正确

图 6-21 铸件壁厚的变化

图 6-22 倒角与倒圆的画法与标注

则必须分别直接注出角度和宽度。当倒角的尺寸很小时，在图中可不画出，但必须注明尺寸或在技术要求中说明。

2. 退刀槽和越程槽（图 6-23）

图 6-23 退刀槽和越程槽的画法与标注

3. 凸台和凹坑（图 6-24）

图 6-24　凸台和凹坑的画法与标注

4. 中心孔（表 6-2）

表 6-2　中心孔的尺寸标注

| 符 号 | 表示法示例及说明 | 型式及图例 |
|---|---|---|
| 保留中心孔 | R3.15/6.7<br><br>表示 R 型（弧形）中心孔；导向孔直径 $D=3.15$mm，弧型孔端面直径 $D_1=6.7$mm；在完工的零件上要求保留中心孔 | R 型 |
| 可保留中心孔 | A4/8.5<br><br>表示 A 型（不带护锥）中心孔；导向孔直径 $D=4$mm，锥形孔端直径 $D_1=8.5$mm；在完工的零件上是否保留中心孔都可以 | A 型 |
| 不保留中心孔 | 2×B2.5/8<br><br>表示轴两端有相同的 B 型（带护锥）中心孔；导向孔直径 $D=2.5$mm，锥形孔端直径 $D_1=8$mm；在完工的零件上不允许保留中心孔 | B 型 |
| 可保留中心孔 | CM10L30/16.3<br><br>表示 C 型（带螺纹）的中心孔；直径 $D=$M10，螺纹长度 $L=30$mm，锥形孔端直径 $D_2=16.3$mm；在完工的零件上是否保留中心孔都可以 | C 型 |

注：1. 图中尺寸 $l$ 取决于中心钻的长度，不能小于 $t$。
　　2. 图中尺寸 $L$ 取决于零件的功能要求。

# 第三节 零件图上的技术要求

为了使零件达到预定的设计要求，保证零件的使用性能，在零件上还必须注明零件在制造过程中必须达到的质量要求，即技术要求，如表面粗糙度、尺寸公差、形位公差、材料热处理及表面处理等。技术要求一般应尽量用技术标准规定的代号（符号）标注在零件图中，没有规定的可用简明的文字逐项写在标题栏附近的适当位置。

## 一、表面粗糙度

1. 表面粗糙度的概念

零件在加工过程中，受刀具的形状和刀具与工件之间的摩擦、机床的震动及零件金属表面的塑性变形等因素影响，表面不可能绝对光滑，如图 6-25 （a）所示。零件表面上这种具有较小间距的峰谷所组成的微观几何形状特征称为表面粗糙度。一般来说，不同的表面粗糙度是由不同的加工方法形成的。表面粗糙度是评定零件表面质量的一项重要的指标，降低零件表面粗糙度可以提高其表面耐腐蚀、耐磨性和抗疲劳等能力，但其加工成本也相应提高。因此，零件表面粗糙度的选择原则是：在满足零件表面功能的前提下，表面粗糙度允许值尽可能大一些。

图 6-25 表面粗糙度

表面粗糙度是以参数值的大小来评定的，目前在生产中评定零件表面质量的主要参数是轮廓算术平均偏差。它是在取样长度 $l$ 内，轮廓偏距 $y$ 绝对值的算术平均值，用 $Ra$ 表示，如图 6-25 （b）所示。

2. 表面粗糙度的注法

（1）表面粗糙度代号　零件表面粗糙度代号是由规定的符号和有关参数组成的。零件表面粗糙度符号的画法及意义、零件表面粗糙度代号的填写格式见表 6-3。图样上所注的表面粗糙度代号应是该表面加工后的要求。

在完整符号中，除了标注表面粗糙度参数和数值外，必要时还要标注补充要求，补充要求的内容及其指定标注位置如图 6-26 及其说明。

表面粗糙度高度参数轮廓算术平均偏差 $Ra$ 在代号中用数值表示，参数值前可不标注参数代号。

（2）表面粗糙度在图样上的标注方法

表 6-3  表面粗糙度符号及其含义

| 名 称 | 符 号 | 含义及说明 |
|---|---|---|
| 基本符号 | | 表示对表面结构有要求的符号，以及未指定工艺方法的表面。基本符号仅用于简化代号的标注，当通过一个注释解释时可单独使用，没有补充说明时不能单独使用 |
| 扩展符号 | | 要求去除材料的符号<br>在基本符号上加一短横，表示指定表面是用去除材料的方法获得，如通过机械加工（车、铣、钻、磨、剪切、抛光、腐蚀、电火花加工、气割等）的表面 |
| | | 不允许去除材料的符号<br>在基本符号上加一个圆圈，表示指定表面是用不去除材料的方法获得，如铸、锻等。也可用于表示保持上道工序形成的表面，不管这种状况是通过去除材料或不去除材料形成的 |
| 完整符号 | | 在上述所示的图形符号的长边上加一横线，用于对表面结构有补充要求的标注。左、中、右符号分别用于"允许任何工艺"、"去除材料"、"不去除材料"方法获得的表面的标注 |
| 工件轮廓各表面的符号 |  | 当在图样某个视图上构成封闭轮廓的各表面有相同的表面结构要求时，应在完整符号上加一圆圈，标注在图样中工件的封闭轮廓线上。如果标注会引起歧义时，各表面应分别标注。左图符号是指对图形中封闭轮廓的六个面的共同要求（不包括前后面） |

a—注写结构参数、极限值、取样长度等
a 和 b—注写两个或多个表面结构参数
c—注写加工方法、表面处理等或其他加工工艺要求
d—注写所要求的表面纹理方向
e—注写加工余量

图 6-26  表面粗糙度数值及其有关规定在符号中的注写位置

① 在同一图样上，每一表面只标注一次符号、代号，并应标注在可见轮廓线、尺寸线、尺寸界线或它们的延长线上。

② 符号的尖角必须从材料外指向标注表面。

③ 在图样上表面粗糙度代号中，数字的大小和方向必须与图中的尺寸数值的大小和方向一致。

④ 由于加工表面的位置不同，粗糙度符号也可随之平移和旋转，但不能翻转和变形；粗糙度数值可随粗糙度符号旋转而旋转，但需与该处尺寸标注的方向一致。

应用标注方法示例，见表 6-4。

## 二、极限与配合

### 1. 概述

现在机器上装配的零件都具有互换性。所谓零件的互换性，就是从一批相同的零件中任取一件，不经修配就能装配使用，并能保证使用性能要求。

**表 6-4　表面粗糙度代号的标注**

　　零、部件具有互换性,不但给装配、修理机器带来方便,还可用专用设备生产,提高产品数量和质量,同时降低产品的成本。要满足零件的互换性,就要求有配合关系的尺寸在一个允许的范围内变动,并且在制造上又是经济合理的。公差配合制度是实现互换性的重要基础。

　　2. **基本术语**

　　在加工过程中,不可能把零件的尺寸做得绝对准确。为了保证互换性,必须将零件尺寸的加工误差限制在一定的范围内，规定出加工尺寸的可变动量，这种规定的实际尺寸允许的变动量称为公差。

有关公差的一些常用术语见图6-27。

图 6-27　尺寸公差术语图解

（1）基本尺寸　根据零件强度、结构和工艺性要求，设计确定的尺寸。

（2）实际尺寸　通过测量所得到的尺寸。

（3）极限尺寸　允许尺寸变化的两个界限值。它以基本尺寸为基数来确定。两个界限值中较大的一个称为最大极限尺寸；较小的一个称为最小极限尺寸。

（4）尺寸偏差（简称偏差）　某一尺寸减其相应的基本尺寸所得的代数差。尺寸偏差有：

上偏差＝最大极限尺寸－基本尺寸

下偏差＝最小极限尺寸－基本尺寸

上、下偏差统称极限偏差。上、下偏差可以是正值、负值或零。

国家标准规定：孔的上偏差代号为 ES，孔的下偏差代号为 EI；轴的上偏差代号为 es，轴的下偏差代号为 ei。

（5）尺寸公差（简称公差）　允许实际尺寸的变动量。

尺寸公差＝最大极限尺寸－最小极限尺寸＝上偏差－下偏差

因为最大极限尺寸总是大于最小极限尺寸，所以尺寸公差一定为正值。

（6）公差带和零线　由代表上、下偏差的两条直线所限定的一个区域称为公差带。为了便于分析，一般将尺寸公差与基本尺寸的关系，按放大比例画成简图，称为公差带图。在公差带图中，确定偏差的一条基准直线，称为零偏差线，简称零线，通常零线表示基本尺寸。如图 6-28 所示。

（7）标准公差　用以确定公差带大小的任一公差。国家标准将公差等级分为 20 级：IT01、IT0、IT1～IT18。"IT"表示标准公差，公差等级的代号用阿拉伯数字表示。IT01～IT18，精度等级依次降低。标准公差等级数值可查有关技术标准。

（8）基本偏差　用以确定公差带相对于零线位置的上偏差或下偏差。一般是指靠近

图 6-28　公差带图

零线的那个偏差。

根据实际需要，国家标准分别对孔和轴各规定了 28 个不同的基本偏差，基本偏差系列如图 6-29 所示。

图 6-29 基本偏差系列

从图 6-29 可知：

基本偏差用拉丁字母表示，大写字母代表孔，小写字母代表轴。公差带位于零线之上，基本偏差为下偏差；公差带位于零线之下，基本偏差为上偏差。

（9）孔、轴的公差带代号 由基本偏差与公差等级代号组成，并且要用同一号字母和数字书写。例如 φ50H8 的含义是：

此公差带的全称是：基本尺寸为 φ50，公差等级为 8 级，基本偏差为 H 的孔的公差带。

又如 φ50f7 的含义是：

此公差带的全称是：基本尺寸为 $\phi50$，公差等级为 8 级，基本偏差为 f 的轴的公差带。

评定零件的质量的因素是多方面的，不仅零件的尺寸和表面粗糙度影响零件的质量，零件的几何形状和结构的位置也大大影响零件的质量。

3. 配合

基本尺寸相同，相互结合的孔和轴公差带之间的关系称为配合。

（1）配合的种类  根据机器的设计要求和生产实际的需要，国家标准将配合分为三类：

① 间隙配合。孔的公差带完全在轴的公差带之上，任取其中一对轴和孔相配都成为具有间隙的配合（包括最小间隙为零），如图 6-30 所示。

图 6-30  间隙配合

② 过盈配合。孔的公差带完全在轴的公差带之下，任取其中一对轴和孔相配都成为具有过盈的配合（包括最小过盈为零），如图 6-31 所示。

图 6-31  过盈配合

③ 过渡配合。孔和轴的公差带相互交叠，任取其中一对孔和轴相配合，可能具有间隙，也可能具有过盈的配合，如图 6-32 所示。

图 6-32  过渡配合

（2）配合的基准制  国家标准规定了两种基准制：

① 基孔制。基本偏差为一定的孔的公差带，与不同基本偏差的轴的公差带构成各种配

合的一种制度称为基孔制。这种制度在同一基本尺寸的配合中，是将孔的公差带位置固定，通过变动轴的公差带位置，得到各种不同的配合，如图 6-33 所示。

图 6-33　基孔制配合

基孔制的孔称为基准孔。国标规定基准孔的下偏差为零，"H"为基准孔的基本偏差。

② 基轴制。基本偏差为一定的轴的公差带与不同基本偏差的孔的公差带构成各种配合的一种制度称为基轴制。这种制度在同一基本尺寸的配合中，是将轴的公差带位置固定，通过变动孔的公差带位置，得到各种不同的配合，如图 6-34 所示。

图 6-34　基轴制配合

基轴制的轴称为基准轴。国家标准规定基准轴的上偏差为零，"h"为基轴制的基本偏差。

4. 公差与配合的标注

(1) 在装配图中的标注方法　配合的代号由两个相互结合的孔和轴的公差带的代号组成，用分数形式表示，分子为孔的公差带代号，分母为轴的公差带代号，标注的通用形式如图 6-35 所示。

(2) 在零件图中的标注方法　如图 6-36 所示，图（a）标注公差带的代号；图（b）标注偏差数值；图（c）公差带代号和偏差数值一起标注。

图 6-35　装配图中尺寸公差的标注方法

## 三、形状和位置公差

评定零件的质量的因素是多方面的，不仅零件的尺寸影响零件的质量，零件的几何形状和结构的位置也大大影响零件的质量。

1. 形状和位置公差的基本概念

图 6-37（a）所示为一理想形状的销轴，而加工后的实际形状则是轴线变弯了，如图

(a) 标注公差带代号　　　　(b) 标注极限偏差数值　　　　(c) 综合注法

图 6-36　零件图中尺寸公差的标注方法

6-37（b）所示，因而产生了直线度误差。

图 6-38（a）所示为一要求严格的四棱柱，加工后的实际位置却是上表面倾斜了，如图 6-38（b）所示，因而产生了平行度误差。

(a)　　　　　　　　　　　　(b)

图 6-37　形状误差

如果零件存在严重的形状和位置误差，将使其装配造成困难，影响机器的质量，因此，对于精度要求较高的零件，除给出尺寸公差外，还应根据设计要求，合理地确定出形状和位置误差的最大允许值，如图 6-39（b）中的 $\phi0.08$［即销轴轴线必须位于直径为公差值 $\phi0.08$ 的圆柱面内，如图 6-39（a）所示］、图 6-40（b）中的 0.1［即上表面必须位于距离为公差值 0.1 且平行于基准表面 $A$ 的两平行平面之间，如图 6-40（a）所示］。

(a)　　　　　　　(b)

图 6-38　位置误差

(a)　　　　　　　　　　　　(b)

图 6-39　直线度公差

2．形状公差和位置公差的有关术语

（1）要素 指组成零件的点、线、面。

（2）形状公差 指实际要素的形状所允许的变动量。

（3）位置公差 允许的变动量，它包括定向公差、定位公差和跳动公差。

（4）被测要素 给出了形状或（和）位置公差的要素。

（5）基准要素 用来确定理想被测要素方向或（和）位置的要素。

图 6-40 平行度公差

3．形位公差的项目、符号及公差带

形位公差的分类、项目资料及符号见表 6-5。

表 6-5 形位公差的分类、项目及符号

| 公 差 | | 特 征 项 目 | 符 号 | 有或无基准要求 |
|---|---|---|---|---|
| 形状 | 形状 | 直线度 | — | 无 |
| | | 平面度 | ▱ | 无 |
| | | 圆度 | ○ | 无 |
| | | 圆柱度 | ⌭ | 无 |
| 形状或位置 | 轮廓 | 线轮廓度 | ⌒ | 有或无 |
| | | 面轮廓度 | ⌓ | 有或无 |
| 位置 | 定向 | 平行度 | ∥ | 有 |
| | | 垂直度 | ⊥ | 有 |
| | | 倾斜度 | ∠ | 有 |
| | 定位 | 位置度 | ⊕ | 有或无 |
| | | 同轴（同心）底 | ◎ | 有 |
| | | 对称度 | ≡ | 有 |
| | 跳动 | 圆跳动 | ↗ | 有 |
| | | 全跳动 | ⌱ | 有 |

4．形位公差的标注与识读

（1）公差框格 公差框格用细实线画出，可画成水平的或垂直的，框格高度是图样中尺寸数字高度的两倍，它的长度视需要而定。框格中的数字、字母、符号与图样中的数字等高。图 6-41 给出了形状公差和位置公差的框格形式。用带箭头的指引线将被测要素与公差

图 6-41　形位公差代号及基准符号

框格一端相连。

（2）被测要素　用带箭头的指引线将被测要素与公差框格一端相连，指引线箭头指向公差带的宽度方向或直径方面。指引线箭头所指部位可有：

① 当被测要素为整体轴线或公共中心平面时，指引线箭头可直接指在轴线或中心线上，如图 6-42（a）所示。

图 6-42　被测要素标注示例

② 当被测要素为轴线、球心或中心平面时，指引线箭头应与该要素的尺寸线对齐，如图 6-42（b）所示。

③ 当被测要素为线或表面时，指引线箭头应指要该要素的轮廓线或其引出线上，并应明显地与尺寸线错开，如图 6-42（c）所示。

（3）基准要素　基准符号的画法如图 6-43 所示，无论基准符号在图中的方向如何，细实线圆内的字母一律水平书写。

图 6-43　基准要素标注示例

① 当基准要素为素线或表面时，基准符号应靠近该要素的轮廓线或引出线标注，并应明显地与尺寸线箭头错开，如图 6-43（a）所示。

② 当基准要素为轴线、球心或中心平面时，基准符号应与该要素的尺寸线箭头对齐，如图 6-43（b）所示。

③ 当基准要素为整体轴线或公共中心面时，基准符号可直接靠近公共轴线（或公共中

心线）标注，如图 6-43（c）所示。

5. 零件图上标注形状公差和位置公差的实例

形状公差和位置公差在零件图上的标注如图 6-44 和图 6-45 所示。

图 6-44 零件图上标注形位公差的实例一

图 6-45 零件图上标注形位公差的实例二

# 第四节 零件的测绘与零件图的识读

零件的测绘就是根据实际零件画出它的图形，测量出它的尺寸并制订出技术要求。测绘时，首先徒手画出零件草图，然后根据该草图画出零件工作图。在仿造和修配机器部件以及技术改造时，常常要进行零件测绘，因此，它是工程技术人员必备的技能之一。

### 一、零件测绘的方法和步骤

下面以齿轮油泵的泵体（图6-46）为例，说明零件测绘的方法和步骤。

**1. 了解和分析测绘对象**

首先应了解零件的名称、材料以及它在机器或部件中的位置、作用及与相邻零件的关系，然后对零件的内外结构形状进行分析。

齿轮油泵是机器润滑供油系统中的一个主要部件，当外部动力经齿轮传至主动齿轮轴时，即产生旋转运动。当主动齿轮轴按逆时针方向（从主视图观察）旋转时，从动齿轮轴则按顺时针方向旋转，如图6-47所示齿轮油泵工作原理。此时右边啮合的轮齿逐步分开，空腔体积逐渐扩大，油压降低，因而油池中的油在大气压力的作用下，沿吸油口进入泵腔中。齿槽中的油随着齿轮的继续旋转被带到左边；而左边的各对轮齿又重新啮合，空腔体积缩小，使齿槽中不断挤出的油成为高压油，并由压油口压出，然后经管道被输送到需要供油的部位，以实现供油润滑功能。

图6-46 泵体

图6-47 齿轮油泵工作原理简图

泵体是油泵上的一个主体件，属于箱体类零件，材料为铸铁。它的主要作用是容纳一对啮合齿轮及进油、出油通道，在泵体上设置了两个销孔和六个螺孔，是为了使左泵盖和右泵盖与其定位和连接。泵体下部带有凹坑的底板和其上的二个沉孔是为了安装油泵。泵体进、出油口孔端的螺孔是为了连接进、出油管等等。

**2. 确定表达方案**

由于泵座的内外结构都比较复杂，应选用主、左、俯三个基本视图。泵体的主视图应按其工作位置及形状结构特征选定，为表达进、出油口的结构与泵腔的关系，应对其中一个孔道进行局部剖视。为表达安装孔的形状也应对其中一个安装孔进行局部剖视。为表达泵体与底板、出油口的相对位置，左视图应选用 A—A 旋转剖视图，将泵腔及孔的结构表示清楚。

然后再选用一俯视图表示底板的形状及安装孔的数量、位置。俯视图取向局部视图。最后选定表达方案如图6-50所示。

**3. 绘制零件草图**

（1）绘制图形 根据选定的表达方案，徒手画出视图、剖视等图形，其作图步骤与画零件画相同。但需注意以下两点：

① 零件上的制造缺陷（如砂眼、气孔等），以及由于长期使用造成的磨损、碰伤等，均不应画出。

② 零件上的细小结构（如铸造圆角、倒角、倒圆、退刀槽、砂轮越程槽、凸台和凹坑等）必须画出。

绘制步骤如下：

① 根据零件大小、视图数量、现有图纸大小，选择适当的比例。

② 根据所选比例，估计各视图所占的图纸面积，在图纸上作出主要视图的作图基准线和中心线，注意留出标注尺寸的位置。如图 6-48 所示。

③ 详细画出零件的内外结构和形状。如图 6-49 所示。

图 6-48  绘制基准线、中心线

图 6-49  绘制零件的内外结构

（2）标注尺寸  先选定基准，再标注尺寸。具体应注意以下三点：

① 先集中画出所有的尺寸界线、尺寸线和箭头，再依次测量、逐个记入尺寸数字。

② 零件上标准结构（如键槽、退刀槽、销孔、中心孔、螺纹等）的尺寸，必须查阅相应国家标准，并予以标准化。

③ 与相邻零件的相关尺寸（如泵体上螺孔、销孔、沉孔的定位尺寸，以及有配合关系的尺寸等）一定要一致。

（3）注写技术要求  零件上的表面粗糙度、极限与配合、形位公差等技术要求，通常可采用类比法给出。具体注写时需注意以下三点：

① 主要尺寸要保证其精度。泵体的两轴线、轴线距底面以及有配合关系的尺寸等，都应给出公差，如图 6-50 所示。

② 有相对运动的表面及对形状、位置要求较严格的线、面等要素，要给出既合理又经济的粗糙度或形位公差要求。

③ 有配合关系的孔与轴，要查阅与其相结合的轴与孔的相应资料（装配图或零件图），以核准配合制度和配合性质。

④ 填写标题栏。一般可填写零件的名称、材料及绘图者的姓名和完成时间等等。如图 6-50 所示。

## 4. 根据零件草图画零件图

草图完成后，便要根据它绘制零件图，其绘图方法和步骤同前。如图 6-50 所示。

图 6-50　完成泵体零件草图

## 二、零件尺寸的测量方法

测量尺寸是零件测绘过程中一个很重要的环节，尺寸测量得准确与否，将直接影响机器的装配和工作性能，因此，测量尺寸要谨慎。

(a)用钢尺测一般轮廓　　(b)用外卡钳测外　　(c)用内卡钳测内径　　(d)用游标卡尺测精确尺寸

图 6-51　线性尺寸及内、外径尺寸的测量方法

测量时，应根据对尺寸精度要求的不同选用不同的测量工具。常用的量具有钢直尺，内、外卡钳等；精密的量具有游标卡尺、千分尺等；此外，还有专用量具，如螺纹规、圆角规等。图 6-51～图 6-54 为常见尺寸的测量方法。

(a)测量壁厚　　　　　　　　(b)测量孔间距　　　　　　　　(c)测量孔间距

图 6-52　壁厚、孔间距的测量方法

(a)用螺纹规测量螺距　　　　　　(b)用圆角规测量圆弧半径

图 6-53　螺距、圆弧半径的测量方法

(a)用铅丝法和拓印法测量曲面　　　　　　(b)用坐标法测量曲线

图 6-54　曲面、曲线的测量方法

## 三、读零件图的要求

　　(1) 了解零件的名称、用途、材料和数量等。

　　(2) 了解组成零件各部分结构形状的特点、功用，以及它们之间的相对位置。

　　(3) 了解零件的尺寸标注、制造方法和技术要求。

## 四、读零件图的方法和步骤

**1. 看标题栏**

首先看标题栏，了解零件的名称、材料、比例等，并浏览全图，对零件有个概括了解，如零件属什么类型，大致轮廓和结构等。

**2. 表达方案分析**

根据视图布局，首先确定主视图，围绕主视图分析其他视图的配置。对于剖视图、断面图要找到剖切位置及方向，对于局部视图和局部放大图要找到投影方向和部位，弄清楚各个图形彼此间的投影关系。

**3. 形体分析**

首先利用形体分析法，将零件按功能分解为主体、安装、连接等几个部分，然后明确每一部分在各个视图中的投影范围与各部分之间的相对位置，最后仔细分析每一部分的形状和作用。

**4. 分析尺寸和技术要求**

根据零件的形体结构，分析确定长、宽、高各方向的主要基准。分析尺寸标注和技术要求，找出各部分的定形和定位尺寸，明确哪些是主要尺寸和主要加工面，进而分析制造方法等，以便保证质量要求。

**5. 综合考虑**

综上所述，将零件的结构形状、尺寸标注及技术要求综合起来，就能比较全面地阅读这张零件图。在实际读图过程中，上述步骤常常是穿插进行的。

## 五、读图举例

图 6-55 为皮带轮零件图，具体读图过程如下：

**1. 看标题栏**

从标题栏中了解零件的名称（皮带轮）、材料（HT150）等。

**2. 表达方案分析**

（1）找出主视图；

（2）分析用多少视图、剖视、断面等，找出它们的名称、相互位置和投影关系；

（3）凡有剖视、断面处要找到剖切平面位置；

（4）有局部视图和斜视图的地方必须找到表示投影部位的字母和表示投影方向的箭头；

（5）有无局部放大图及简化画法。

该皮带轮零件图由主视图、一个局部视图组成。主视图采用了全剖视，表现了 V 型带轮的轮缘（V 型槽的形状和数量）、辐板和轮毂，局部视图只画了轴孔，用以补充表示轴孔键槽的宽度和深度。

**3. 进行形体分析和线面分析**

（1）先看大致轮廓，再分几个较大的独立部分进行形体分析，逐一看懂；

（2）对外部结构逐个分析；

（3）对内部结构逐个分析；

（4）对不便于形体分析的部分进行线面分析。

图 6-55 皮带轮零件图

4. 进行尺寸分析和了解技术要求

（1）形体分析和结构分析，了解定形尺寸和定位尺寸；

（2）据零件的结构特点，了解基准和尺寸标注形式；

（3）了解功能尺寸与非功能尺寸；

（4）了解零件总体尺寸。

这个零件各部分的形体尺寸，按形体分析法确定。标注尺寸的基准是：中心轴线为径向基准，直接注出的尺寸有 $\phi140$（基准圆直径）和 $\phi28H8$（轴孔直径）；宽度方向以 V 型带轮的左、右对称平面为基准，直接注出 50、11、10、15±0.3 等尺寸。V 型带轮的轮槽和轴孔键槽为标准结构，必须按标准查表，标注标准值。外圆 $\phi147$ 表面及轮缘两断面对于轴孔 $\phi28$ 轴线的圆跳动公差为 0.3。

5. 综合考虑

把零件的结构形状、尺寸标注、工艺和技术要求等内容综合起来，就能了解零件的全貌，也就看懂了零件图。

## 小　　结

1. 零件图有四个组成部分：图形、尺寸、技术要求和标题栏。

2. 不同的零件要用不同的视图表达。

3. 尺寸标注必须准确、完整、合理。

4. 技术要求的主要内容是表面粗糙度、极限与配合、形位公差。

5. 表面粗糙度是零件加工表面上具有的较小间距和微小峰谷不平的程度。评定表面粗糙度的常用参数为轮廓算术平均偏差 $Ra$，其值越小，表面越光滑。

6. 互换性是规格相同的零件未经选配即可装配，并满足功能性要求的性质。极限与配合是为了使零件具有互换性而建立起来的一种技术制度。

7. 国家标准规定了两种配合制度（基孔制、基轴制）、20 个等级的标准公差和 28 个基本偏差。

8. 形位公差是指零件的实际形状和位置相对于理想形状和位置的允许变动量。国家标准规定形状和位置公差分为两类共 14 项。

9. 识读零件图的方法和步骤：看标题栏；分析视图；分析形体；分析尺寸；看技术要求。

10. 根据零件的结构特点，可将零件分成四类：轴类、盘盖类、叉架类和箱类。各类零件的视图表示、尺寸标注和技术要求有一定的规律可循。

11. 测绘零件图测绘零件图的方法和步骤：画零件草图、测量零件尺寸、画零件图。

# 第七章
# 装配图

**主要内容：**

1. 装配图的作用、内容、规定画法和特殊表达方法
2. 装配图的尺寸标注及技术要求
3. 读装配图的基本要求、方法和步骤
4. 装配图拆画零件图应注意的问题

**目的要求：**

1. 了解装配图在生产与设计中的作用和装配图的内容
2. 掌握装配图的表达方法，并能用以绘制装配图和读装配图的实践
3. 熟悉装配图的零、部件编号与明细栏
4. 掌握装配图的尺寸标注，能够区分其与零件图的尺寸标注的不同
5. 掌握读装配图的基本要求、方法和步骤

**教学重点：**

1. 装配图的规定画法和特殊表达方法
2. 读装配图的方法和步骤

**教学难点：**

1. 装配图上各类尺寸的区分与识别。
2. 装配图的规定画法和特殊表达方法。
3. 由装配图拆画零件图。

## 第一节 概　　述

在机械设计和机械制造的过程中，装配图是不可缺少的重要技术文件。它是表达机器或部件的工作原理及零件、部件间的装配、连接关系的技术图样。

### 一、装配图的作用和内容

1. 装配图的作用

在产品或部件的设计过程中，一般是先设计画出装配图，然后再根据装配图进行零件设计，画出零件图；在产品或部件的制造过程中，先根据零件图进行零件加工和检验，再按照装配图所制定的装配工艺规程将零件装配成机器或部件；在产品或部件的使用、维护及维修过程中，也经常要通过装配图来了解产品或部件的工作原理及构造。

2. 装配图的内容

如图 7-1 是铣刀头的装配图。

图 7-1 铣刀头装配

铣刀头是安装在铣床上的部件，用来安装铣刀盘，当电动机通过 V 带轮带动轴转动时，轴带动铣刀盘旋转，对工件进行平面铣削加工。轴通过滚动轴承安装在座体内，座体通过底板上的沉孔安装在铣床上。它由 18 种零件组成。由此图可以看到一张完整的装配图应具备如下内容：

（1）一组视图　根据产品或部件的具体结构，选用适当的表达方法，用一组视图正确、完整、清晰地表达产品或部件的工作原理、各组成零件间的相互位置和装配关系及主要零件的结构形状。图 7-1 所示为铣刀头机构的装配图，采用以下一组视图：主视图采用全剖视，主要表示铣刀头的工作原理和零件间的装配关系；左视图采用局部剖视图，主要表达座体的结构形状；采用局部视图主要表达安装基面的形状和安装孔的情况。

（2）必要的尺寸　装配图中必须标注反映产品或部件的规格、外形、装配、安装所需的必要尺寸，另外，在设计过程中经过计算而确定的重要尺寸也必须标注。如在图 7-2 所示的铣刀头的装配图中所标注的 $\phi28H8/f7$，155，150 等。

（3）技术要求　在装配图中用文字或国家标准规定的符号注写出该装配体在装配、检验、使用等方面的要求。如图 7-1 所示。

（4）零、部件序号、标题栏和明细栏　按国家标准规定的格式绘制标题栏和明细栏，并按一定格式将零、部件进行编号，填写标题栏和明细栏。如图 7-1 所示。

## 二、装配图的表达方法

装配图的侧重点是将装配体的结构、工作原理和零件间的装配关系正确、清晰地表示清楚。前面所介绍的机件表示法中的画法及相关规定对装配图同样适用。但由于表达的侧重点不同，国家标准对装配图的画法，又做了一些规定。

### 1. 规定画法

（1）零件间接触面、配合面的画法：相邻两个零件的接触面和基本尺寸相同的配合面，只画一条轮廓线，如图 7-3 所示。但若相邻两个零件的基本尺寸不相同，则无论间隙大小，均要画成两条轮廓线。若间隙过小时，可采用夸大画法。如图 7-2 所示。

（2）装配图中剖面符号的画法：装配图中相邻两个金属零件的剖面线，必须以不同方向或不同的间隔画出，如图 7-3 所示。要特别注意的是，在装配图中，所有剖视、剖面图中同一零件的剖面线方向、间隔须完全一致。另外，在装配图中，宽度小于或等于 2mm 的窄剖面区域，可全部涂黑表示，如图 7-3 中的垫片。

（3）在装配图中，对于紧固件及轴、球、手柄、键、连杆等实心零件，若沿纵向剖切且剖切平面通过其对称平面或轴线时，这些零件均按不剖绘制。如需表明零件的凹槽、键槽、销孔等结构，可用局部剖视表示。如图 7-3 中所示的轴、螺钉均按不剖绘制。

接触面、配合面只画一条线

非接触表面轮廓线分别画出

图 7-2　接触面与非接触面画法

### 2. 特殊画法和简化画法

为使装配图能简便、清晰地表达出部件中某些组成部分的形状特征，国家标准还规定了以下特殊画法和简化画法。

（1）特殊画法

图 7-3　规定画法

① 拆卸画法（或沿零件结合面的剖切画法）。在装配图的某一视图中，为表达一些重要零件的内、外部形状，可假想拆去一个或几个零件后绘制该视图。如图 7-4 滑动轴承装配图中，俯视图的右半部即是拆去轴承盖、螺栓等零件后画出的。

拆去轴承盖、螺柱等

图 7-4　滑动轴承装配图

图 7-5 转子油泵的右视图采用的是沿零件结合面剖切画法。

② 假想画法。在装配图中，为了表达与本部件有在装配关系但又不属于本部件的相邻零、部件时，可用双点画线画出相邻零、部件的部分轮廓。如图 7-5 中的主视图，与转子油泵相邻的零件即是用双点画线画出的。

在装配图中，当需要表达运动零件的运动范围或极限位置时，也可用双点画线画出该零件在极限位置处的轮廓。如图 7-6 中手柄的运动极限位置。

图 7-5　转子油泵

③ 单独表达某个零件的画法。在装配图中，当某个零件的主要结构在其他视图中未能表示清楚，而该零件的形状对部件的工作原理和装配关系的理解起着十分重要的作用时，可单独画出该零件的某一视图。如图 7-5 转子油泵的 B 向视图。注意，这种表达方法要在所画视图上方注出该零件及其视图的名称。

（2）简化画法

① 在装配图中，若干相同的零、部件组，可详细地画出一组，其余只需用点画线表示其位置即可。如图 7-3 中的螺钉连接。

② 在装配图中，零件的工艺结构，如倒角、圆角、退刀槽、拔模斜度、滚花等均可不画。

图 7-6　手柄的假想位置画法

③ 在剖视图中表示轴承时，可采用轴承的特征画法和规定画法，如图 7-3 所示。

## 三、装配图的零、部件编号与明细栏

1. 装配图中零、部件序号及其编排方法

（1）一般规定

① 装配图中所有的零、部件都必须编写序号。

② 装配图中一个部件可以只编写一个序号；同一装配图中相同的零、部件只编写一次。

③ 装配图中零、部件序号，要与明细栏中的序号一致。

（2）序号的编排方法　装配图中编写零、部件序号的常用方法有三种。如图 7-7 所示。

① 同一装配图中编写零、部件序号的形式应一致。

② 指引线应自所指部分的可见轮廓引出，并在末端画一圆点。如所指部分轮廓内不便画圆点时，可在指引线末端画一箭头，并指向该部分的轮廓。如图 7-8 所示。

③ 指引线可画成折线，但只可曲折一次。

图 7-7　序号的编写方式　　　　　　　　　图 7-8　指引线画法

④ 一组紧固件以及装配关系清楚的零件组,可以采用公共指引线。如图 7-9 所示。

⑤ 零件的序号应沿水平或垂直方向按顺时针或逆时针方向排列,序号间隔应可能相等。如图 7-1 铣刀头装配图中所示。

图 7-9　公共指引线

**2. 图中的标题栏及明细栏**

(1) 标题栏　装配图中标题栏格式与零件图中相同。

(2) 明细栏　如图 7-10 所示。填写明细栏时要注意以下问题:

图 7-10　标题栏与明细栏

① 序号按自下而上的顺序填写，如向上延伸位置不够，可在标题栏紧靠左边自下而上延续。

② 备注栏可填写该项的附加说明或其他有关的内容。

# 第二节　装配图的尺寸与技术要求

## 一、装配图的尺寸标注和技术要求

### 1. 装配图的尺寸标注

由于装配图主要是用来表达零、部件的装配关系的，所以在装配图中不需要注出每个零件的全部尺寸，而只需注出一些必要的尺寸。如图 7-11 所示为微动传动机构装配图，图中的尺寸按其作用不同，可分为以下五类。

图 7-11　微动机构装配图

（1）规格尺寸　规格尺寸是表明装配体规格和性能的尺寸，是设计和选用产品的主要依据。如图 7-11 微动机构装配图中螺杆（6）的螺纹尺寸 M12 是微动机构的性能的尺寸，它决定了手轮转动一圈后导杆（10）的位移量。

（2）装配尺寸　装配尺寸包括零件间有配合关系的配合尺寸以及零件间相对位置尺寸。如图 7-11 微动机构装配图中 $\phi20H8/f7$，$\phi30H8/k7$，$\phi H8/h7$ 的配合尺寸。

（3）安装尺寸　安装尺寸是机器或部件安装到基座或其他工作位置时所需的尺寸。如图 7-11 微动机构装配图中的 82，32，$4 \times \phi 7$ 孔所表示的安装尺寸。

（4）外形尺寸　外形尺寸是指反映装配体总长、总宽、总高的外形轮廓尺寸。如图 7-11 微动机构装配图中的 190～210，36，$\phi68$。

（5）其他重要尺寸　在设计过程中经过计算而确定的尺寸和主要零件的主要尺寸以及在装配或使用中必须说明的尺寸。如图 7-11 微动机构装配图中的尺寸 190～210，它不仅表示了微动机构的总长，而且表示了运动零件导杆（10）的运动范围。非标准零件上的螺纹标记，如图 7-11 微动机构装配图中的 M12，M16 在配图中要注明。

以上五类尺寸，并非装配图中每张装配图上都需全部标注，有时同一个尺寸，可同时兼有几种含义。所以装配图上的尺寸标注，要根据具体的装配体情况来确定。

2. 装配图的技术要求

装配图的技术要求一般用文字注写在图样下方的空白处。技术要求因装配体的不同，其具体的内容有很大不同，但技术要求一般应包括以下几个方面。

（1）装配要求　装配要求是指装配后必须保证的精度以及装配时的要求等。

（2）检验要求　检验要求是指装配过程中及装配后必须保证其精度的各种检验方法。

（3）使用要求　使用要求是对装配体的基本性能、维护、保养、使用时的要求。

## 二、装配结构

在设计和绘制装配图时，应考虑装配结构的合理性，以保证机器或部件的使用及零件的加工、装拆方便。

1. 接触面与配合面的结构

（1）两个零件接触时，在同一方向只能有一对接触面，这种设计既可满足装配要求，同时制造也很方便。如图 7-12 所示。

图 7-12　两零件间的接触面

（2）轴颈和孔配合时，应在孔的接触端面制作倒角或在轴肩根部切槽，以保证零件间接触良好。如图 7-13 所示。

图 7-13　接触面转角处的结构

2. 便于装拆的合理结构

（1）滚动轴承的内、外圈在进行轴向定位设计时，必须要考虑到拆卸的方便。如图 7-14 所示。

图 7-14　滚动轴承端面接触的结构

（2）用螺纹紧固件连接时，要考虑到安装和拆卸紧固件是否方便。如图 7-15 所示。

图 7-15　留出扳手活动空间

3. 密封装置和防松装置

密封装置是为了防止机器中油的外溢或阀门、管路中气体、液体的泄漏，通常采用的密封装置如图 7-16 所示。其中在油泵、阀门等部件中常采用填料函密封装置。图 7-16（a）所示为常见的一种用填料函密封的装置。图 7-16（b）是管道中的管子接口处用垫片密封的密封装置。图 7-16（c）表示的是滚动轴承的常用密封装置。

图 7-16　密封装置

为防止机器因工作震动而致使螺纹紧固件松开，常采用双螺母、弹簧垫圈、止动垫圈、开口销等防松装置。如图 7-17 所示。

螺纹连接的防松按防松的原理不同，可分为摩擦防松与机械防松。如采用双螺母、弹簧垫圈的防松装置属于摩擦防松装置；采用开口销、止动垫圈的防松装置属于机械防松装置。

<table>
<tr><td>(a) 双螺母圈防松</td><td>(b) 弹簧垫圈防松</td></tr>
<tr><td>(c) 止退垫圈防松</td><td>(d) 开口销防松</td></tr>
</table>

图 7-17　防松装置

# 第三节　识读装配图

在生产、维修和使用、管理机械设备和技术交流等工作过程中，常需要阅读装配图；在设计过程中，也经常要参阅一些装配图，以及由装配图拆画零件图。因此，作为工程界的从业人员，必须掌握读装配图以及由装配图拆画零件图的方法。

## 一、读装配图的基本要求

读装配图的基本要求可归纳为：
（1）了解部件的名称、用途、性能和工作原理。
（2）弄清各零件间的相对位置、装配关系和装拆顺序。
（3）弄懂各零件的结构形状及作用。

读装配图要达到上述要求，不仅要掌握制图知识，还需要具备一定的生产和相关专业知识。

## 二、读装配图的方法和步骤

下面以图 7-18 所示球阀为例说明读装配图的一般方法和步骤。

1. 概括了解

由标题栏、明细栏了解部件的名称、用途以及各组成零件的名称、数量、材料等，对于有些复杂的部件或机器还需查看说明书和有关技术资料，以便对部件或机器的工作原理和零件间的装配关系做深入的分析了解。

图 7-18　球阀

中填料9　上填料10　填料压紧套11　阀杆12　板手13
填料垫8
螺母7
螺柱6
调整垫5
阀芯4
密封圈3
阀盖2
阀体1

由图 7-19 的标题栏、明细栏可知，该图所表达的是管路附件——球阀，该阀共有十二种零件组成。球阀的主要作用是控制管路中流体的流通量。从其作用及技术要求可知，密封结构是该阀的关键部位。

2. 分析各视图及其所表达的内容

图 7-19 所示的球阀，共采用三个基本视图。主视图采用全剖视图，主要反映该阀的组成、结构和工作原理。俯视图采用局部剖视图，主要反映阀盖和阀体以及扳手和阀杆的连接关系。左视图采用半剖视图，主要反映阀盖和阀体等零件的形状及阀盖和阀体间连接孔的位置和尺寸等。

3. 弄懂工作原理和零件间的装配关系

图 7-19 所示的球阀，有两条装配线。从主视图看，一条是水平方向，另一条是垂直方向。其装配关系是：阀盖和阀体用四个双头螺柱和螺母连接，并用合适的调整垫调节阀芯与密封圈之间的松紧程度。阀体垂直方向上装配有阀杆，阀杆下部的凸块嵌入到阀芯上的凹槽内。为防止流体泄漏，在此处装有填料垫、填料，并旋入填料压紧套将填料压紧。

球阀的工作原理：扳手在主视图中的位置时，阀门为全部开启，管路中流体的流通量最大。当扳手顺时针旋转到俯视图中双点画线所示的位置时，阀门为全部关闭，管路中流体的流通量为零。当扳手处在这两个极限位置之间时，管路中流体的流通量随扳手的位置而改变。

4. 分析零件的结构形状

在弄懂部件工作原理和零件间的装配关系后，分析零件的结构形状，可有助于进一步了解部件结构特点。

分析某一零件的结构形状时，首先要在装配图中找出反映该零件形状特征的投影轮廓。接着可按视图间的投影关系、同一零件在各剖视图中的剖面线方向、间隔必须一致的画法规定，将该零件的相应投影从装配图中分离出来。然后根据分离出的投影，按形体分析和结构分析的方法，弄清零件的结构形状。

如图 7-20 所示为齿轮油泵分析其装配图。

1. 概括了解

图 7-21 为齿轮油泵装配图，是用来给机器输送润滑油的一个部件。作图比例为 1∶1，

图 7-19  球阀装配图

外形尺寸为 118、85、95，该油泵共有 17 种零件。

**2. 分析视图**

齿轮油泵装配图采用了两个视图。主视图是用两相交剖切平面剖切而成的全剖视图，左视图采用了拆卸画法，沿左端盖 1 和泵体 6 的结合面剖切，清楚表达油泵的外部形状和一对齿轮的啮合情况，进油孔的结构用局部视图表达。

**3. 分析传动路线和工作原理**

参考产品说明书，分析油泵的传动路线和工作原理。当一对齿轮在泵体中高速啮合传动时，啮合区一侧空间压力降低产生区部真空度，油池中的油在大气压作用下进入油泵低压区进油孔，随着齿轮的转动齿槽内的油被送到出油口压出，并输送到机器润滑部位。为了防漏，在泵体与端盖的结合处加入垫片 5，并在传动齿轮轴 3 的伸出端用填料 8、轴套 9、压紧螺母 10 加以密封。动力由端部的齿轮传入，泵体与泵盖用螺钉连接，进油口和出油口均为管螺纹与输油管连接。

图 7-20　齿轮泵

**4. 分析结构与装配关系**

泵盖与泵体采用 4 个圆柱销定位、12 个螺钉紧固的方法连接在一起。传动齿轮轴 3 和传动齿轮 11 的配合 $\phi14H7/k6$ 为基孔制过渡配合，保证转动灵活同时减少径向跳动。尺寸 $28.76\pm0.016$ 反映啮合齿轮中心距要求。$\phi34.5H8/f7$ 表示泵体中腔与齿轮是间隙配合。

## 三、由装配图拆画零件图

在设计过程中，需要由装配图拆画零件图，简称拆图。拆图应在全面读懂装配图的基础上进行。

**1. 拆画零件图基本原则**

（1）由于装配图与零件图的表达要求不同，在装配图上往往不能把每个零件的结构形状完全表达清楚，有的零件在装配图中的表达方案也不符合该零件的结构特点。因此，在拆画零件图时，对那些未能表达完全的结构形状，应根据零件的作用、装配关系和工艺要求予以确定并表达清楚。此外对所画零件的视图表达方案一般不应简单地按装配图照抄。

（2）由于装配图上对零件的尺寸标注不完全，因此在拆画零件图时，除装配图上已有的与该零件有关的尺寸要直接照搬外，其余尺寸可按比例从装配图上量取。标准结构和工艺结构，可查阅相关国家标准来确定。

（3）标注表面粗糙度、尺寸公差、形位公差等技术要求时，应根据零件在装配体中的作用，参考同类产品及有关资料确定。

**2. 拆图实例**

以 7-18 所示球阀中的阀盖为例，介绍拆画零件图的一般步骤。

（1）确定表达方案：由装配图上分离出阀盖的轮廓，如图 7-22 所示。

根据端盖类零件的表达特点，决定主视图采用沿对称面的全剖，侧视图采用一般视图。

（2）尺寸标注：对于装配图上已有的与该零件有关的尺寸要直接照搬，其余尺寸可按比例从装配图上量取。标准结构和工艺结构，可查阅相关国家标准确定，标注阀盖的尺寸。

技术要求
1. 齿轮安装后，用手转动传动齿轮时，应灵活旋转。
2. 两齿轮齿轮齿的啮合面占齿长的 3/4 以上。

图 7-21 齿轮泵装配图

| 17 | | 螺母M6 | 2 | | | | GB/T 6170 |
|----|----|--------|---|---|---|---|-----------|
| 16 | 螺栓M6×30 | 2 | | | GB/T 5782 |
| 15 | 螺钉M6×16 | 12 | | | GB/T 70 |
| 14 | 镶5×10 | 1 | | | GB/T 1096 |
| 13 | 螺M12×1.5 | 1 | | | GB/T 6170 |

| 12 | 垫圈12 | 1 | | GB/T 97.1 |
|----|--------|---|---|-----------|
| 11 | 传动齿轮 | 1 | 45 | m=2.5 z=20 |
| 10 | 压紧螺母 | 1 | 35 | |
| 9 | 轴套 | 1 | ZCuSn5PbZn5 | |
| 8 | 填料 | 1 | 聚四氟乙烯 | |
| 7 | 右端盖 | 1 | HT200 | |
| 6 | 泵体 | 1 | HT200 | |
| 5 | 垫片 | 2 | 纸板 | |

| 4 | 螺5×18 | 4 | | GB/T 119.1 |
|---|--------|---|---|-----------|
| 3 | 传动齿轮轴 | 1 | 45 | m=3, z=9 |
| 2 | 齿轮轴 | 1 | 45 | m=3, z=9 |
| 1 | 左端盖 | 1 | HT200 | |
| 序号 | 零件名称 | 数量 | 材料 | 备注 |

| | | | | 齿轮油泵 | | (图号) |
|---|---|---|---|----------|---|--------|
| | | | 比例 | f=1 | 重量 | 第 张 共 张 |
| 制图 | | | | | | (校名) |
| 审核 | | | | | | |

（3）技术要求标注：根据阀盖在装配体中的作用，参考同类产品的有关资料，标注表面粗糙度、尺寸公差、形位公差等，并注写技术要求。

（4）填写标题栏，核对检查，完成后的全图如 7-23 所示。

拆画齿轮油泵左端盖。

（1）选择表达方案。该泵盖可有三种表达方案：一是将其从装配图上照搬，选用主视图、俯视图和左视图三个视图，二是以右视图为主视图，再配全剖的俯视图，三是不考虑泵盖在装配图中的表达方法，以其结

图 7-22 由装配图上分离出阀盖的轮廓

技术要求
1.铸件应经时效处理,消除内应力。
2.未注铸造圆角R1~2。

| | | 阀盖 | | 比例 | 图号 | 09.02.02 |
| | | | | 共 张 | | 第 张 |
| | | | | | (单位) | |

图 7-23 阀盖零件图

构特点和加工方法重新确立表达方案，把它归为盘盖类零件，按其加工位置和常规位置选择主视图，并以全剖方式表达内腔结构，再选普通左视图，表达泵盖端面形状、销孔分布情况等，如图所示第三种方案拆画的零件图。

（2）尺寸标注。

（3）技术要求标注。

（4）填写标题栏，核对检查，完成后的全图如图 7-24 所示。

汽·车·机·械·识·图

图 7-24　泵盖零件图

## 小　结

1. 装配图的作用及内容装配图是表达机器或部件的图样，常用来表达部件或机器的组成、装配关系、位置关系、连接关系和工作原理，以及安装、调试、检验时所需的尺寸数据和技术要求。因此，装配图一般应具有以下内容：一组表达机器或部件的图形、必要的尺寸、技术要求、零件的序号和明细栏、标题栏等五方面的内容。

2. 装配图的表达方法及工艺结构的规定画法：相邻件配合面只画一条线；相邻件剖面线应相反或不同间距；剖切紧固件、手柄、连杆钩子等实心件过其轴线或对称面时按不剖绘制。

3. 特殊画法：拆卸画法、沿结合面的剖切画法、假想画法、展开画法、夸大画法、简化画法。

4. 装配体工艺结构的合理性：同方向只宜有一组面接触；轴与孔的装配要有倒角或切槽；螺纹连接要注意拧紧问题；零件间还要考虑安装与拆卸问题。

5. 装配图的尺寸标注和技术要求装配图中不需标出零件的全部尺寸，一般只标注下面几类尺寸：性能（规格）尺寸；装配尺寸；安装尺寸；外形尺寸；其他重要尺寸。

6. 装配图的序号和明细栏装配图中必须编写序号，并要按零件序号的顺序填写明细栏，使图和表对应、方便看图。

7. 识读装配图识读装配图是本章的重点，其目的是搞清机器或部件的性能、装配关系和各零件的主要结构、作用以及拆装顺序等。识读装配图的方法和步骤为：概括了解；分析视图、了解其工作原理；了解零件间的装配关系；分析装配体中必要的尺寸和技术要求。

8. 示意图和构造原理图示意图分为装配示意图和原理示意图，它们的侧重点不同。构造原理图，用于部件的分析和讲解，略去尺寸标注、技术要求和标题栏，而且有时对一些结构进行了必要的省略和简化。

# 参 考 文 献

[1] 刘朝儒，彭福荫，高政一主编. 机械制图. 第4版. 北京：高等教育出版社，2001.

[2] 冯秋官主编. 机械制图与计算机绘图. 第3版. 北京：机械工业出版社，2005.

[3] 王巍主编. 机械制图. 北京：高等教育出版社，2003.

[4] 薄继康，张强华主编. AutoCAD2006实用教程. 北京：电子工业出版社，2006.

[5] 柳阳明主编. 汽车识图. 北京：机械工业出版社，2005.

[6] 陆英，陈小龙主编. 机械制图. 北京：化学工业出版社，2009.